きしゃにちゅうい

2015(平成27)年11月15日より営業を開始した小湊鐵道の観光列車「房総里山トロッコ」が、国の登録有形文化財に指定される第一養老川橋梁を渡る。
2022.6.25　上総山田－光風台　P：米元和重

巻頭カラーグラフ

首都圏近郊のオアシス 小湊鐵道

長年キハ200形の単独車種が続いた小湊鐵道の営業列車に、JRから譲渡されたキハ40形が加わった。運行開始日には「さと山」のヘッドマークを掲出した東北地域本社色のキハ40 2が使われた。
2021.4.24　上総川間－上総鶴舞　P：米元和重

市原市制30周年記念、「ディキシーランドジャズ列車」がキハ200形５連で運転される。　1993.10.9　上総久保－高滝　P：米元和重

沿線に美しく咲く草花が多い小湊鐵道　2019.5.6　高滝－上総久保　P：米元和重

富士山と京葉工業地帯の工場群を
背景に「房総里山トロッコ」が行く。
2020.5.3　上総村上－海士有木
P：米元和重

五井駅構内に隣接する五井機関区の俯瞰。右上の真四角な建屋が保存機関車展示場、その左は車両課事務室、下へ順に鍛冶小屋、機関庫、客車庫と並び、左端にはキハ5800が留置されている。 2012.9.23 P：米元和重

「房総里山トロッコ」の牽引機・DB4は工事用列車に使用されることもある。DB4が牽く関東鉄道から譲り受けのホキ（車籍なし）２両。
2021.7.26 上総村上－海士有木 P：BALDWIN生

小湊鐵道の全形式を連結した珍編成の列車。　　2023.4.29　上総山田－上総三又　P：BALDWIN生

ライトアップされた上総久保駅ホームの名物、銀杏の木。秋は黄金色が美しい。
2023.11.14　P：米元和重

イルミネーション時期は山間の静かな駅も大賑わいとなる
2017.12.17　月崎
P：米元和重

国鉄型と「国鉄型風」の気動車が出会う。小湊鐵道キハ401といすみ鉄道キハ20 1303の接続風景。 2021.11.5 P：白土貞夫

房総横断のジャンクション 上総中野駅での出会いの今昔

右側の駅舎寄りホームは小湊鐵道、構内踏切で連絡する左側が国鉄木原線以来のいすみ鉄道ホームである。両線列車は、つかの間の出会い後に再びいま来た線路を引き返して行く。

いすみ鉄道いすみ351と小湊鐵道キハ211の顔合わせ。 2020.10.6 P：白土貞夫

小湊鐵道キハ200形といすみ鉄道いすみ100形の対面。 1993.5.5 P：白土貞夫

顔を揃えた国鉄木原線キハ30形と小湊鐵道キハ201。旧駅舎が残存している。　1970.7.15　P：白土貞夫

この写真のみ左側が小湊鐵道となる。小湊の電車改造気動車キハ6100と並ぶ木原線のレールバス、キハ01 2。
1961.3.19　P：荻原二郎

先発の木原線キハ01 3を見送る駅長と小湊鐵道キハ41002。
1961.4　P：中川浩一

はじめに

私鉄会社のなかには設立当初は自社線路で結ぼうとした区間や目的地を意識した社名が相当数ある。現存の鉄道のみを挙げても古くは総武鉄道（下総国と武蔵国）、筑豊鉄道（筑後国と豊前国）、芸備鉄道（安芸国と備後国）など国有後のJRに至る今日まで線名に名前を残す線区もあるし、東京横浜電鉄、目黒蒲田電鉄（現・東京急行電鉄）のようにハッキリと社名に名乗った鉄道もある。頭文字にそれを表わした例は多く、現在も京成電鉄、京浜急行電鉄、阪神電気鉄道、京阪電気鉄道などのほか、当初の計画、構想の一部しか実現せず、社名にだけそれを残す鉄道も上信電鉄（上野国高崎〜信濃国羽黒下間）、三岐鉄道（三重県四日市〜岐阜県関ケ原間）、東上鉄道（現・東武鉄道東上本線、池袋〜群馬県渋川間）などを数える。しかし予定の終点地名を社名とした鉄道のな

かで到達し得なかったが、社名を変えることなく現在も盛業中の鉄道会社は小湊鐵道のみであろう。
　同鉄道の歴史は既に1世紀に達し、現在はいすみ鉄道と連絡して房総半島横断鉄道の役目も果たすが、この間に在籍・活躍した車両は貨車を除いても60両を越えている。しかし次巻車両編の末尾に記すように、開業以来の車両変遷を語る本格的な記事はほとんど見掛けなかったような気がする。キハ200形のみが在籍する時代が長く続き、車両の変化に乏しかったことも一因かもしれないが、近年はキハ40形やトロッコ列車の登場によって、バラエティーに富んだ列車が走るようになったのを好機に、過去現在を通じどのような列車、車両が走り、利用されて来たかを本書にまとめてみた。なお、小湊鉄道の「鉄」は同社ではすべて旧字体の「鐵」を用いているため、本書でもそれに従った。

並行する房総西線線路を左にカーブして離れ、上総中野へ向かう新旧塗色のキハ5800＋キハ41000形2連の列車。
1967.8.10　五井－上総村上　P：白土貞夫

絵葉書「鉄道第一聯隊　列車運転」。建設工事終了時の試運転の際の記念撮影と思われる。背後は２号機関車。
所蔵：白土貞夫

1．小湊鐵道のヒストリー

1.1　大正期以前の房総半島鉄道事情と小湊鐵道の開業

東京の隣県でありながら、千葉県は関東地方七都県のなかで鉄道建設が最も遅かった。なかでも水運が盛んな東京湾沿岸の内房一帯はとくに遅れが目立ち、千葉～蘇我～大網～大原間および大網～東金間を開業していた房総鉄道が総武鉄道とともに国有化された1907（明治40）年９月時点でも、蘇我以南の内房沿岸とその内陸部はまったくの鉄道空白地帯であった。

このような状況を打破し、県内交通網を整備しようと1908（明治41）年千葉県知事に就任した有吉忠一は蘇我～木更津間に県営鉄道建設を企てる。これは全国で唯一、千葉に駐屯していた陸軍鉄道聯隊から車両、機材の貸与を受け、建設工事も将兵の演習で実施する。建設費用は沿線町村に県債を割当て賄い、開通後は国鉄に貸付けて営業し、その利益を県債償還に充てようとするプランであった。県有の鉄道を自ら経営する意思のなかったことは当時の「法規上県または個人で営業することが出来ぬからであります」と同知事が1909（明治42）年10月6日の県議会で説明している。政府（国鉄）が建設してくれるまで待てないから、県が敷設するという積極的な姿勢は注目に値するし、この動きが直後に軽便鉄道法を産み、簡便な手続きにより地方私鉄建設が促進される引き金となった。

このような状況下で、県営木更津線計画は途中から政府が建設する方針に変更され、翌年３月鉄道敷設法別表の一部改正により「千葉県下蘇我ヨリ木更津北条及勝浦ヲ経テ大原ニ至ル鉄道」が追加されて、房総半島一周の鉄道は国鉄が建設することが決定した。先行して県が土地買収を進めていた蘇我～姉ヶ崎間が1912（明治45）年３月28日開通、姉ヶ崎と途中の五井、八幡宿、浜野の４駅が現在の内房線最古の駅となった。県営鉄道木更津線計画は成功しなかったが、鉄道自体は国鉄木更津線（→内房線）として実現させた有吉は、同一構想で野田・多古・八街・久留里・大多喜線を県内各地に開通させたが、他にも大小いくつかの県営鉄道計画が立案された。

絵葉書「小湊鐵道敷設演習実況（１）」。工事に携わる鉄道第一聯隊兵士と彼方に１号か２号機関車の姿が見える。　所蔵：白土貞夫

絵葉書「小湊鐵道敷設演習実況（２）」。機械力が何もない鉄道第一聯隊兵士達の人力での橋桁の移動作業。　所蔵：白土貞夫

なかでも1911(明治44)年県議会に提案された、五井から房総半島を縦貫して安房小湊に至る内房と外房を結ぶ計画は、同議会の採択を得られなかったが、この計画を継承して民間による実現を企図した千葉町寒川在住の醍醐定吉が総代となり、元千葉県知事(6代、9代)阿部裕や沿線地主、地方資本家など11名を発起人として、改めて小湊鐵道名義で千葉県市原郡五井町(五井駅)を起点に同郡市原村、養老村、戸田村、高滝村、里見村、白鳥村、夷隅郡老川村、上野村を経て安房郡湊村に至る31哩50鎖(約51km)の鉄道敷設免許を1913(大正2)年7月17日付で出願、同年11月26日付免許された。

この時期の国鉄房総線は勝浦まで開通していたが、その先の外房州一帯へ赴く陸路は、おせんころがしの難路を1日数回(勝浦〜小湊間、所要60分)の乗合自動車に頼るか、東京湾汽船(→東海汽船)の100t級汽船で東京・霊岸島から沿岸一帯を1日1回寄港して小湊まで夜行で13時間を要する船便を利用するほかない状況であったから、沿線予定地の期待も大きかった。

しかし、発起人に有力資本家がおらず、総代や発起人も頻繁に入れ替わり、見通しのないままに工事施工期限延長を繰り返して、一時は存立も危うくなる有様であったが、1917(大正6)年5月19日に会社はようやく設立されて、初代社長には千葉町・紅谷四郎平(千葉割引銀行頭取)が就任、本社を千葉町寒川1200番地に置いた。資本金は150万円であった。

その後も第一次世界大戦の影響などで資金調達は思うに任せず、会社発足当初は東京・千葉方面からの参詣客を期待して4,000株を引き受け、信者にも出資を勧奨した日蓮宗大本山誕生寺も、安房鴨川までの国鉄延伸が具体化し始めると早々に撤退している。

このように苦境に陥った小湊鐵道の救世主は安田財閥の当主、安田善次郎(初代)であった。千葉町に本店を持つ安田傘下の九十八銀行(→千葉銀行)頭取、奥山三郎(後の南総鉄道発起人、奥山良吉は長男)が沿線の鶴舞出身であり、小湊鐵道にも関与していた関係で安田に助力を懇請し、沿線の大地主である永島勘左衛門なども安田邸へ日参するなど熱心な努力が実り、採算面を無視して千葉県開発の一助として出資を応諾、全株数3万株のうち17,500株を引受け、1920(大正8)年4月社長には安田善助(初代善次郎の甥)が就任し、奥山、永島も取締役として参画した。転々とした本社位置も1928(昭和3)年8月19日、五井町五井1427番地(→市原市五井中央東1-1-2)の現在地に落ち着いた。

■小湊鐵道路線図　　国土地理院電子地形図に加筆

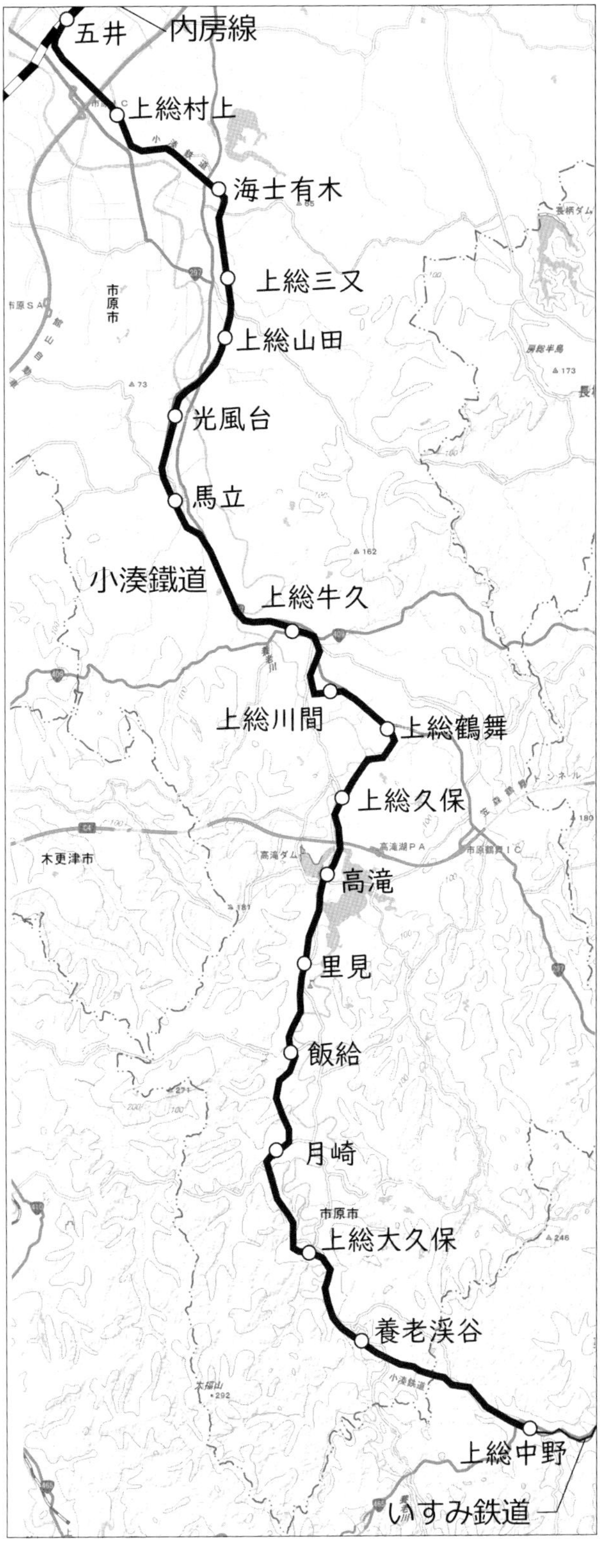

クラウス製B形機関車がナベトロを牽く建設工事列車。五井付近。
P所蔵：小湊鐵道
提供：宮田寛之

小湊鐵道では、小湊から先へ鴨川までの延長も目論み、開業前の1920(大正９)年５月21日付で小湊～鴨川間6哩21鎖(約10.1km)建設の免許申請をするが、これは翌年９月６日付で建設中の房総線と重複するという理由で認められず、却下された。

また、当時の夷隅郡大多喜町は、県営人車軌道とその後の夷隅軌道による単端式ガソリンカーで大原と連絡していたが、輸送力は極めて貧弱であった。そのため安田財閥の出資により小湊鐵道計画が具体化すると、町の発展を図るため、予定ルートを変更して同町を迂回するよう会社側に働きかけ、これを受けて1920(大正９)年６月３日付上総中野から大多喜へ経由する予定線変更案も提出され、千葉県当局も賛意を表して「地方開発等 ノ点ヲ考慮シタル結果、適当ト認トムル」との意見具申を行った。大多喜町では実現に向けて町民が大挙して同年12月に東京の安田邸へ押掛け、安田善次郎と強談判したが「測量はしたが予想外の建設費が見込まれるため、営利会社である以上応じ難い」との回答に町民が激昂して大騒動となる事件も発生した。しかし、小湊鐵道側より「応ジ難キ趣申出之有」と実行する意思のない旨の内意を受けていた監督官庁側が1921(大正10)年９月５日付却下している。翌年には大原と木更津を結ぶ木原線計画が改正鉄道敷設法別表に追加され、国鉄が将来の建設を約束する形となり、大多喜など沿線予定地ではその実現に向けて取り組む方針に変わり、小湊鐵道の迂回運動は急速に終息に向かった。

資金の目途はついたが、このような騒動もあって線路の建設は善次郎の生前には始まらず、五井～里見間着工は没後の1924(大正13)年１月で、鹿島組(→鹿島建設)が376,173円で工事を請負い、線路敷設や架橋工事には鉄道第二聯隊が演習として参加している。

月崎停車場構内建設現場　ホーム、駅舎は半ば完成しているが土木工事は真っ最中である。
P所蔵・提供：小湊鐵道

月崎駅構内現況。一世紀後のたたずまいはほとんど変化がない。
2020.10.6　P：白土貞夫

小湊鐵道開業関連新聞記事
上：1925(大正14)年３月７日付『千葉毎日新聞』
下：同 ３月５日付『東京日日新聞』(房総版)
所蔵：白土貞夫

小湊鐵道
七日から營業開始
賃金や時刻表も決定

小湊鐵道は別項の如く愈々來る七日から營業を開始する事となり時刻表も左の如く決定した一日八往復であると

上り

里見驛發	五井驛着
午前五時三十五分	六時五十二分
七時	八時十五分
九時十分	十時二十六分
十一時二十六分、	十二時四十三分
午后一時四十分	二時五十三分
三時四十九分	五時六分
六時二十五分	七時四十二分
八時十五分	九時二十七分

下り

五井發	里見着
午前五時十五分	六時三十二分
七時二十六分	八時四十三分
九時四十分	十時五十六分
十一時三十分	十二時四十七分
午后一時四十五分	三時二分
三時五十五分	五時十二分
六時五分	七時廿二分
八時四十分	九時五十七分

尚五井驛から各驛に至る旅客運賃は海士有木十五錢、養老川二十三錢、馬立三十二錢、上總牛久四十二錢、鶴舞町五十一錢、高瀧六十一錢、里見六十五錢であると

小湊鐵道開通
七日から運轉

小湊鐵道株式會社はいよ／＼七日から五井、里見間の十六マイル餘の運輸を開始し五井、海士有木養老川、馬立、上總牛久、鶴舞町、高瀧、里見の八驛において旅客貨物の營業を始めるが五井、里見間の三等賃金は六十五錢、五井驛における省線上り線との聯絡は約十分の待合時間で便利だが下り線とは約一時間ある、因に時間表左の如し

◇上り

里見發	五井着
午前五時三十五分	六時五十二分
九時十分	十時二十六分
十一時二十六分	十二時四十三分
午後一時四十分	二時五十八分
三時四十九分	五時六分
六時二十五分	七時四十二分
八時十分	九時二十七分

◇下り

五井發	里見着
午前五時十五分	六時三十二分
七時二十六分	八時四十三分
九時四十分	十時五十六分
十一時三十分	十二時四十九分
午後一時四十五分	三時二分
三時五十五分	五時十二分
六時五分	七時二十二分
八時四十分	九時五十七分

工事はほぼ順調に進み、下記のように開通した。
1925(大正14)年３月７日：五井〜里見間　25.7km
1925(大正14)年４月30日：里見駅貨物専用側線1.0 km
1926(大正15)年９月１日：里見〜月崎間4.1 km
1928(昭和３)年５月16日：月崎〜上総中野間9.3 km

しかし、安房小湊へ向けて養老川流域を南下延伸してきた路線は、五井から39.1km地点の上総中野でストップする。最終目的地である上総中野〜小湊間延長は、1929(昭和４)年頃に終点の安房小湊駅付近の土地買収と一部工事に着手した痕跡が現在も残るが、本格的着工には至らなかった。※1)

終点となった上総中野駅。当駅から先へ安房小湊駅に至る延長は実現せずに終わるが、1934(昭和９)年8月26日国鉄木原線が当駅まで開通して、当初計画とは異なる形の房総半島横断鉄道が完成した。写真は小湊鐵道が1928(昭和３)年５月16日、当駅までの開通時に開設の初代駅舎である。
1961.3.19　P：荻原二郎

絵葉書・房総線（現・外房線）開通直後の安房小湊駅付近(1)。駅周辺にまだ住宅が点在するだけの1929年頃の風景。
所蔵：白土貞夫

絵葉書・房総線開通直後の安房小湊駅付近(2)。発車する下り列車が見える。小湊鐵道は斜め左上方向から線路が延びて来る予定で当駅付近の建設工事も僅かながら開始していたという。
1929年頃　所蔵：白土貞夫

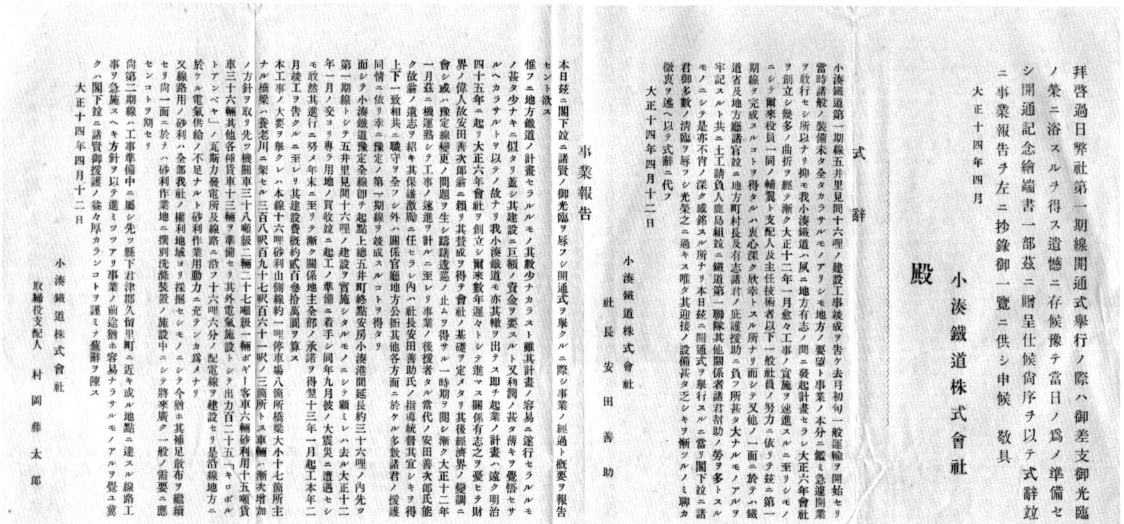
拝啓過日弊社第一期線開通式擧行ノ際ハ御差支御光臨ノ榮ニ浴スルヲ得ス遺憾ニ存候豫テ當日ノ爲メ準備セシ開通記念繪端書一部茲ニ贈呈仕候尚序ヲ以テ式辭竝ニ事業報告左ニ抄錄御一覽ニ供シ申候　敬具

大正十四年四月

小湊鐵道株式會社

殿

式辭

小湊鐵道第一期線五井里見間十六哩ノ建設工事竣成ヲ告ケ去月初旬一般運輸ヲ開始セリ當時諸般ノ裝備未タ全タカラサルモノアリシモ地方ノ要望ト事業ノ本分ニ鑑ミ急遽開業ヲ敢行セシ所以ナリ抑モ我小湊鐵道ハ夙ニ地方有志ノ間ニ發起計畫セラレ大正六年會社ヲ創立シ幾多ノ曲折ヲ經テ漸ク大正十二年一月愈々工事ノ實施ヲ速進スルニ至リシモノニシテ爾來役員一同ノ輔翼ト支配人及主任技術者以下一般社員ノ努力ニ依リテ茲ニ第一期線ヲ完成スルコトヲ得タルハ衷心深ク欣幸トスル所ナリ而シテ又他ノ一面ニ於テハ鐵道省及地方廳諸官竝ニ地方町村長及有志諸君ノ庇護援助ニ負フ所甚タ大ナルモノアルヲ牢記スルト共ニ土工請負人鹿島組竝ニ鐵道第一聯隊其他關係者諸君賛助ノ勞ヲ多トスルモノニシテ是亦不肖ノ深ク感銘スル所ナリ本日茲ニ開通式ヲ擧行スルニ當リ閣下竝ニ諸君御多數ノ淸臨ヲ辱フシ光榮之ニ過キス唯タ其迎接ノ設備甚タ乏シキヲ慚ツルノミ聊カ微衷ヲ述ヘ以テ式辭ニ代フ

大正十四年四月十二日

小湊鐵道株式會社
社長　安田善助

事業報告

本日茲ニ閣下竝ニ諸賢ノ御光臨ヲ辱フシ開通式ヲ擧クルニ際シ事業ノ經過ト概要ヲ報告セント欲ス

惟フニ地方鐵道ノ計畫セラルルモノ其數少ナカラスト雖其計畫ノ容易ニ遂行セラルルモノ甚タ少ナキニ似タリ蓋シ其建設ニ巨額ノ資金ヲ要スルト又利潤ノ甚タ薄キヲ覺悟セサルヘカラサルトヲ以テノ故ナリ我小湊鐵道モ亦其轍ヲ出テス即チ起業ノ計畫ハ遠ク明治四十五年ニ起リ大正六年會社ヲ創立シ爾來數年遲々トシテ進マス關係有志之ヲ憂ヒテ財界ノ偉人故安田善次郎翁ニ賴リ其賛成ヲ得テ會社ノ基礎ヲ定メタリ其後經濟界ノ變調ニ會シ或ハ豫定線變更ノ問題ヲ生シ躊躇逡巡ノ止ムヲ得サル一時期ヲ閲シ漸ク大正十二年一月茲ニ機運熟シテ工事ノ速進ヲ計ルニ至レリ事業ノ後援者タル當代ノ安田善次郎氏能ク故翁ノ遺志ヲ紹キ其保護激勵ニ任セラレ內ハ社長安田善助氏ノ指導統督其宜シキヲ得上下一致相共ニ職守ヲ全フシ外ハ關係官廳地方公衙其他各方面ニ於ケル多數諸君ノ援護同情ニ依リ幸ニ豫定ノ第一期線ヲ竣成スルコトヲ得タリ

而シテ小湊鐵道豫定全線卽チ起點上總五井町終點安房小湊港間延長約三十六哩ノ內先ツ第一期線トシテ五井里見間十六哩ノ建設ヲ實施シタルモノニシテ顧ミレハ去ル大正十二年一月ノ交ヨリ專ラ用地ノ買收竝ニ起工ノ準備ニ着手シ同年九月彼ノ大震災ニ遭遇セシモ敢然其進行ニ努メ年末ニ至リテ漸ク關係地主全部ノ承諾ヲ得翌十三年一月起工本年二月竣工ヲ告クルニ至レリ其建設費概約貳百參拾萬圓ヲ算ス

本工事ノ大要ヲ擧クレハ本線十六哩砂利山側線約一哩停車場八箇所橋梁大小十七箇所主ナル橋梁ハ養老川ニ架セル三百八呎百九十七呎百六十一呎ノ三箇所トス車輛ハ漸次增加ノ方針ヲ取リ先ツ機關車三十八噸級二輛二十七噸級一輛ボギー客車六輛砂利用十五噸貨車三十六輛其他各種貨車十三輛ヲ準備セリ其外電氣施設トシテ出力百二十五「キロボルトアンペヤ」ノ瓦斯力發電所及線路ニ沿フ十六哩六分ノ配電線ヲ建設セリ是沿線地方ニ於ケル電氣供給ノ不足ナルト砂利作業用動力ニ充テンカ爲メナリ

又線路用ノ砂利ハ全部我社ノ權利地域ヨリ採掘セシモノニシテ今猶ホ其補足散布ヲ繼續セリ尚一面ニ於テハ砂利作業地ニ撰別洗滌裝置ノ施設中ニシテ將來廣ク一般ノ需要ニ應センコトヲ期セリ

尚第二期線ハ工事準備中ニ屬シ先ツ縣下君津郡久留里町ニ近キ或ル地點ニ達スル線路工事ヲ急施スヘキ方針ヲ以テ進ミツツアリ事業ノ前途猶ホ容易ナラサルモノアルヲ覺ユ冀クハ閣下竝ニ諸賢御援護ノ益々厚カランコトヲ謹ミテ蕪辭ヲ陳ス

大正十四年四月十二日

小湊鐵道株式會社
取締役支配人　村岡藤太郎

小湊鐵道開業式典の式辞・事業報告。式典当日欠席した招待者に後日記念絵葉書とともに送付したもの1925(大正14)年４月。所蔵：白土貞夫

結果的に小湊鐵道の終着駅となった上総中野駅の駅舎改札口付近。左横書だが旧仮名遣いのままの乗換案内板が目立つ。
1970.7.15　P：白土貞夫

1.2　上総中野～小湊間延長断念および幻の新線計画

上総中野～小湊間の建設は免許以来 22 年間、工事施工認可以来 19 年を経過した1936（昭和 11）年までに経由地を２回も変更し、工事竣工期限を９回繰返して延期したが、それでも開業の見込みが立たなかった。そのため会社が免許を取下げたと伝えられているが、事実は当時の監督官庁である鉄道省が「西畑村（上総中野）、小湊町（安房小湊）間ハ指定ノ期限迄ニ工事竣工セザル為」との理由で同年 11 月 28 日付（11月30日官報掲載）残存区間の 免許を取消している。

鉄道省の内部文書はその理由を「国有鉄道木原線ト連絡モ成リ且ツ未成線ト並行セル道路ノ大部分ニハ乗合自動車運行中ナルヲ以テ目下 ノ交通状況ニ鑑ミ本鉄道未成線ハ敷設ノ必要性乏シキニ到リタルモノ」と記録している。同付属書類によれば、２度の経由地変更後の最終ルートは上総中野～総元（大多喜町三又）間が木原線や国道 297 号線と完全に重複しており、また三又から先は総野や上野を経由する県道 82 号線にほぼ 並行して小湊に至るコースであった。今日でも交通量は少なく、夷隅川沿いの狭隘な地形に木原線と並行して線路を敷設しなければならない区間もあって、仮に工事に着手しても難工事は免れなかった。

しかも木原線開通によってそれぞれ最終目的地には到達しない両線が接続したことで房総半島横断鉄道が別の形で実現したことと、1929（昭和４）年４月 15 日の房総線（→房総東線→外房線）開通により両国～安房鴨川間は４時間程度で結ばれるようになり、小湊鐵道が房総半島を縦断南下しても 開通後の国鉄房総線よりも所要時間が早く小湊へ到達可能な意義が失われたことも要因であろう。何よりもこの区間の建設費がそれまでの開業区間に要した建設費の約２倍に相当する約500万円と見積られたことが、巨費を投じても人口稀薄な沿線から見合う収益を挙げ得るか困難視されるため、会社に全通への意欲を失わせたと考えられる。

これとは別に1923（大正12）年４月（日は記載なし）、動力は蒸気・電気（電圧直流 500V）併用で五井～千葉間 10 哩（約 16.1km）の路線延長申請を行った。線路は起点五井駅南側で房総線を越えると海岸沿いに八幡・浜野を経由して蘇我では再び国鉄線路をオーバークロス、千葉寺付近から現中央区祐光町付近で左へカーブし、総武本線と並行して（旧）千葉駅東側から同駅に至るコースを予定し、途中には八幡町・浜野海岸・曽我野・千葉病院前の４駅を予定した。

従来は小湊鐵道には電化計画がなかったとする論考もあるが、この免許申請の内容は電車による千葉駅乗り入れ構想が存在したことを物語っている。大正末～昭和初期は各私鉄での電化開業が盛んな時期で、千葉県内でも銚子鉄道（→銚子電気鉄道）や総武鉄道（→東武鉄道野田線）が電化したが、当社の申請は1924（大正13）年７月２日付で「聞届ケ難シ」として却下された。

到達できなかった最終目的地、現在の外房線安房小湊駅。
2012.4.26　P：白土貞夫

開業間もない1930（昭和５）年頃の鶴舞町（現在の上総鶴舞）駅。ボールドウィンの牽く貨物列車。
P：高石景一
（所蔵：白土貞夫）

1.3　開業から昭和戦前、戦中期までの状況

小湊鐵道が1925（大正14）年３月７日、五井～里見間を新規開業した際には蒸気機関車３両、ボギー客車６両、貨車49両が準備された。すべて新品を揃えて、多くの地方私鉄が国鉄や他私鉄から中古車両を譲り受けて開業する例が多いなかでは異彩を放っていた。鉄道省係官も開業直前の1925（大正14）年２月24～26日実施の竣工監査報告では「客貨車ハ贅沢ヲ感ズル程ニ立派ナリト認ム、客車ノ如キハ真空制動機、暖房機、便所ヲ設ケアルモ惜ムラクハ混合列車ニ付其ノ機能ヲ発揮スルニ不便ナルコトナリ」と報告して車両の素晴らしさに比べて宝の持ち腐れ的な状態を指摘している。無蓋貨車を44両も大量用意したのは鉄道開業以前から、採掘と販売を開始した万田野産出の山砂利を里見駅から搬出する貨物輸送に期待を掛けたからである。

ところが開業後の輸送量は客貨ともに期待を裏切る結果となって、僅か３年後には贅沢で立派と評価された客車６両全部を同じ安田財閥系の中国鉄道（→JR津山線など）へ売却し、代わりに武蔵野鉄道（→西武鉄道）から電化で不要になった中古二軸客車８両を購入して置換えたが、旅客サービス面では大幅ダウンとなった。貨車も小田原急行鉄道（→小田急電鉄）へ半数を売却している。

1928（昭和３）年２月17日付で瓦斯倫動力使用認可を得て、同年中にガソリンカー１両を登場させ、翌々年に２両を加えて動力合理化を図るが、さらに1931（昭和６）年４月９日付「瓦斯倫自動客車省線へ直通運転申請」が営業報告書に記載されている。詳細は知れないが、在籍の単車ガソリンカーを用いて千葉への乗り入れを企てたのであろう。やはり単車の国鉄最初のガソリンカーキハニ5000形登場直後で、隣接の久留里線では試行的運転もされた時期であり、念願の千葉直通をこの機会にと意気込んだが、キハニ5000形自

右のボギー客車は中国鉄道ホハ５か６（旧小湊鐵道ホロハ１または２）。左はユニ５。小湊鉄道開業時に「客貨車ハ贅沢ヲ感ズル程ニ立派」と鉄道省係官が認めたボギー客車６両は３年後にすべて中国鉄道へ売却された。
中国鉄道岡山　P：谷川義春（提供：湯口　徹）

開業当初より使用されたボールドウィン製1号機関車の、晩年の活躍風景で、貨車はトム9。
1954.4.6　朝生原(現・養老渓谷)　P：石本祐吉

万田野砂利山線の廃線跡。レールは当時のものではなく跡地に復元されたもの。砂利採取は現在でも小規模ながら行われ、トラック運搬されている。　2020.10.6　里見付近　P：白土貞夫

体が、国鉄技術者が失敗作と称したくらい運行に安定性を欠き、気動車の信頼度がまだ低い状況下では、国鉄に容れられることはなかった。

しかし小湊鐵道では諦めず、1933(昭和８)年９月に大型ボギーのガソリンカー２両を新造した。同時期には未電化区間の総武本線船橋～千葉間にデビューしたばかりのキハ36900(→41000)形を投入してフリークエントサービスを開始し、本線での本格的な気動車運行を開始した時期でもあり、国鉄気動車と同水準の大型ガソリンカーを用いた直通運転は実現性も高いかと思われたものの、間もなく勃発した日中戦争と続く太平洋戦争により燃料事情が悪化し、自社線内ガソリンカーの運行にも大きな影響を受ける時勢となって具体化せずに終わった。

戦時下の燃料難に対処して1939(昭和14)年９月蒸気動車１両を導入、続いて1940～1942(昭和15～17)年の間に気動車２両を木炭ガス、３両を天然ガスによる代燃化を図るが、その事情をジハ100形の1941(昭和16)年10月27日付車両設計変更認可申請理由は「支那事変以来ガソリン配給統制トナリシ為爾来運転回数ヲ減少シタルモ其ノ後益々統制強化サレ現在ノ配給数量ニテハ到底不足ヲ生ジ之以上運転回数ヲ減スルハ乗客ノ交通上甚ダ遺憾ニ耐ザル次第ナルヲ以テ現行運転回数ヲ維持致度、就テハ代用燃料(天然ガス)ヲ使用セザレバ現在ノ運行ヲ維持スル事態ハザル状況」と説明している。大多喜付近で産出の天然ガスを利用した代燃化は1941(昭和16)年５月から国鉄木原線が一歩先んじて実施しており、ガソリンカー増備によって1929～36(昭和４～11)年度は６両を保有した蒸気機関車は、1938～1941(昭和13～16)年度には在籍２両にまで減少した。しかし上記の燃料事情悪化から1942年度には保管中の廃車機関車を復活させるなどして辛うじて運行に努めている。

太平洋戦争が激化すると陸運統制令、交通事業調整法によって、政府主導による交通事業者の統合が推進され、全国的に中小地方私鉄の多くが統合された。この国策に従い当鉄道も1943(昭和18)年９月安田財閥の手を離れ、京成電気軌道(→京成電鉄)の関係会社[※2)]となった。この統合を『京成電鉄五十五年史』は「戦局の進展に伴って企業統制はますます厳しさを加え、九十九里鉄道や安田保善社が所有していた小湊鐵道などが、当社系列下に入ってきました」[※3)]と簡単に記すが、『安田保善社とその関係事業史』は「この営業移譲は当局の要請によりやむを得ず実行した」[※4)]と書き、政府方針への逆行が許されない戦時体制下のため仕方なく手放した心情が滲んでいる。

また1927(昭和２)年創業、1932(昭和７)年系列化した袖ケ浦自動車を主体に1915(大正４)年創業の大野自動車、(南総鉄道→)笠森自動車など８業者を統合し、1947(昭和22)年７月１日さらに同社を合併してバス事業を直営化した。

ガソリン規制により入手困難になったため、木炭代燃装置を取り付けたジハ11。認可年月日よりも早い時期の撮影である。
P：村田三郎(所蔵：小松重次、提供：高見彰彦)

国鉄から４両を譲り受けたキハ41000形。「やまべ」のヘッドマークを掲出している。
1961.5.3　養老渓谷
P：石本祐吉

1.4　戦後の動向　気動車増備と形式統一化

戦後の混乱も落ち着いた1950(昭和25)年に、小湊鐵道は国鉄からキハ41000形気動車４両を譲り受けた。これにより在来２両のジハ100形とともに旅客列車の全面気動車化，車両大型化、客貨分離が一気に進み、戦前製客車・気動車の大半が淘汰された。この時期は五井をはじめ君津以北の内房海岸一帯が京葉工業地帯の造成に湧き、多数の工場群が進出・稼働し、東京通勤圏の拡大も加わり小湊鐵道沿線も住宅と通勤通学客が増加傾向を辿るようになった。

念願の千葉進出計画も再び動き出し、1955(昭和30)年１月13日付で房総東線本千葉駅〜小湊鐵道海士有木間16.0kmの免許を出願した。当時の国鉄本千葉駅は今日の京成電鉄千葉中央駅の位置にあり、京成千葉駅は現在の千葉中央公園に所在した。既に都市計画上は本千葉駅が長洲町の現位置への移転が決定していたから、将来の京成との接続を想定して、起点を定めたのであろう。予定線路は房総西線の東側を南下して五井起点5.8km付近(海士有木〜上総三又間)で既設線路に接続するプランで、線内には本千葉、県庁前、寒川、千葉寺、宮崎町、東今井、大厳寺、生実、古市場、市原、海士有木の11駅を予定した。動力はディーゼル、蒸気だけで電化計画はなく、京成とは軌間・動力が相違するから本千葉での乗換を想定したのであろうか。

この新線は1957(昭和32)年12月17日免許を取得するが、小湊鐵道自身の手では実現せず、京成との共同出資で設立した千葉急行電鉄(→京成電鉄千原線)へ1975(昭和50)年12月20日認可により免許を譲渡し、同電鉄により経由地を一部変更のうえ、1992(平成４)年４月１日千葉中央〜大森台間、1995(平成７)年４月１日千葉中央〜ちはら台間の計10.9kmが開通し

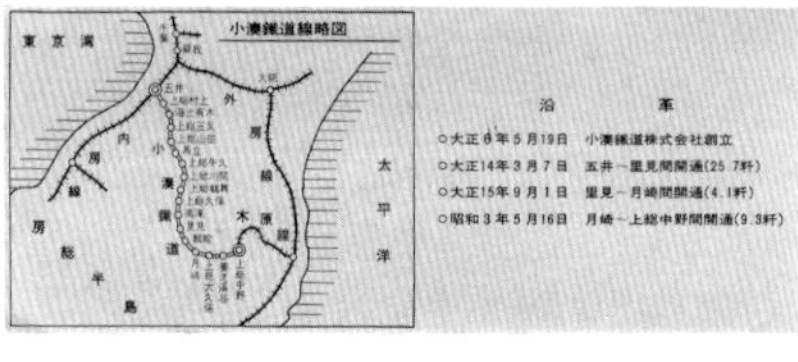

1976(昭和51)年に発行された小湊鐵道開通50周年記念乗車券。左はタトウ(包紙)で、表に「１号機関車と２号機関車のボールドウィン社の製造銘版」、裏に「沿線地図」を描き、右の乗車券は上から「開業時の1号蒸気機関車」「最初の気動車ジハ1」「最新の気動車キハ200形気動車」のイラストが入る。
所蔵：白土貞夫

小湊鐵道キハ200形デビューの頃。この形式は以後の増備により、私鉄気動車としては最大の14両まで増加したが、先頭に写るキハ202は僚車キハ201とともにそのトップを飾った車両である。
1963.12.22
五井　P：荻原二郎

キハ5801は電車改造気動車として有名な車両だが、開業時に将来の電車改造を想定した客車を新造した小湊鐵道が、後年にその逆コース的に車両改造したのは面白い。
1975.5.24　五井
P：亀井秀夫

た。しかし同電鉄が経営危機に陥ったため京成電鉄が運営を引き継ぎ、千原線として現在に至るが、ちはら台～海士有木間の工事施工認可申請期限は2029年10月14日である。※5)

小湊鐵道の戦後の大きなエポックは1961(昭和36)年以降16年間、6回に亘り自社オリジナルのキハ200形気動車14両を新造して車種を統一し、徹底した車両保守合理化を図ったことである。旧形式の気動車は一掃され、キハ200形を使用して宿願の千葉乗り入れも1963・64(昭和38・39)両年の夏季ダイヤで果たしたが僅か二夏で終了、その後の復活はなかった。また1967(昭和42)年4月1日里見～上総中野間、1973(昭和48)年10月1日五井～里見間の貨物営業を廃止した。

千葉駅で顔を揃えた、小湊鐵道直通のキハ200形気動車と夏季臨時準急「白浜3号」(両国発館山行)。
1964.7.26　千葉駅5番線
P：根本幸男

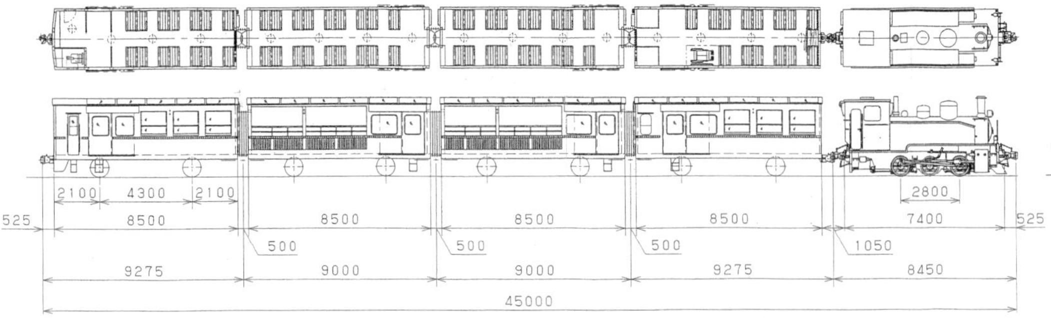

里山トロッコ列車形式図。

国旗を掲げて走る令和記念号(里山トロッコ列車)。平成から令和へ改元当日の晴れ姿。
2019.5.1
上総川間－上総鶴舞
P：米元和重

近年は2015(平成27) 年11月15日から新造のディーゼル機関車と展望客車４両編成による「房総里山トロッコ」が上総牛久(後に五井に変更) ～養老渓谷間で運転を開始した。キハ5800廃車以後18年間は保有車両数に変化がなく、車両面では全国で最も変化に乏しい鉄道であったが、キハ200形の老朽化に伴う旧JRキハ40形の増備もあって、バラエティーに富む車両の活躍が始まり、いすみ鉄道との連絡もダイヤが調整されてスムーズになった。

注)
※1)鹿島建設『鹿島の軌跡　歴史の中から見えてくるものがある』p174 ～ 182(同社・2021年)
※2)2024年２月現在の持株割合は九十九里鉄道63.94%、京成電鉄19.00%である。
※3)京成電鉄『京成電鉄五十五年史』 p315(同社・1967年)
※4)同編修委員会編『安田保善社とその関係事業史』 p833(1974年)
※5)千葉～海士有木間延長計画については、草町義和「小湊へ行けなかった小湊鉄道の千葉乗り入れ」『鉄道ジャーナル』648号p106 ～ 109(2020年)に詳しい。

キハ40３による急行「かずさ」とキハ40 4の普通五井行の出会い。
2024.4.1　上総牛久
P：白土貞夫

五井駅ホームと構内　小湊鐵道は３番線・４番線ホームに発着し、東側には広い構内と機関区などが設けられ、多数の車両が留置されている。
2021.11.5　P：白土貞夫

2．施設のあらまし

2.1　施設概要

五井～上総中野間39.1kmの線路は軌間が1,067mm、全線単線、側線を含む線路総延長は44,173m、その線路状況は30kgが7,859m、37kgが33,295m、40kgが2,048m、50kgが971mである。

最急勾配は20‰、最小曲線半径は200m、路線が養老川沿いのため、橋梁は26ヶ所に及び、最長のものは第三養老川橋梁103.6m(高滝～上総久保間)、次いで第一養老川橋梁93.3m(上総山田～光風台間)、第四養老川橋梁78.5m(上総大久保～養老渓谷間)、第二養老川橋梁59.6m(上総牛久～馬立間)と続く。

第三養老川橋梁のPCコンクリート構造を除けば他は横河橋梁製の上路プレートガーダでの鉄橋である。

隧道は大久保隧道421.5m(月崎～上総大久保間)が最も長大で、板谷隧道140.8m(養老渓谷～上総中野間)、第一月崎隧道134.7m(飯給～月崎間)、朝生原隧道92.7m(養老渓谷～上総中野間) 第二月崎隧道20.1m(月崎～上総大久保間)の５ヶ所が存在する。このうち

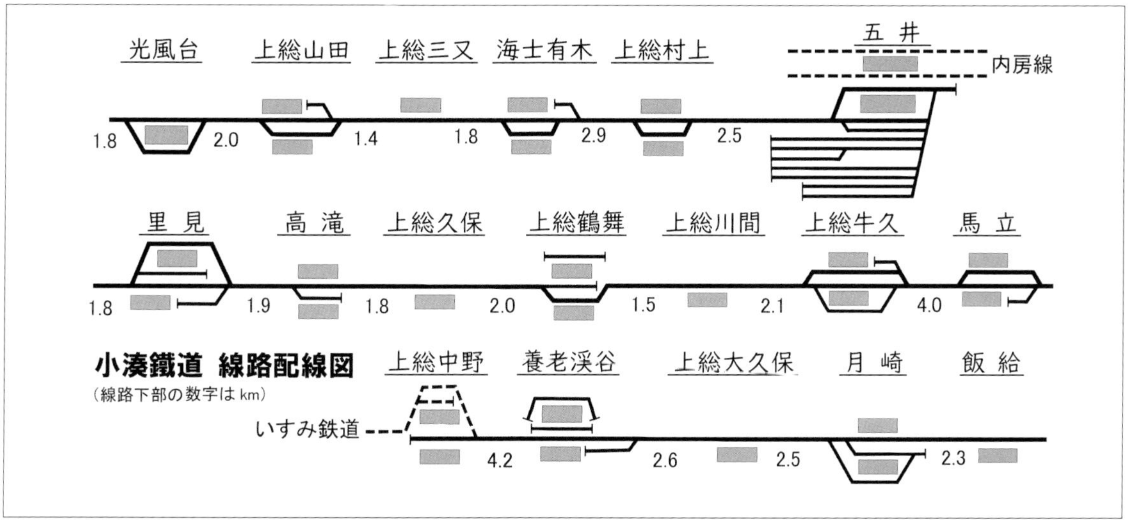

板谷隧道は標高126m、千葉県内の鉄道最高地点※6)に位置する。以前存在した高滝隧道55.8m(上総久保～高滝間)は同区間の高滝ダム完成による新線切替で廃止したが、房総半島内陸部を走る鉄道3線のうち隧道があるのは小湊鐵道のみである。踏切数は全98ヶ所(第一種踏切50ヶ所、第四種踏切48ヶ所)である。

駅数は18ヶ所だが現在は五井、光風台、上総牛久、里見、養老渓谷のみに駅員が配置され、他は無人駅である。国名「上総」を冠した駅名が半数を占めるのは、当鉄道の開業が時期的に遅く、既に同一駅名が国私鉄に存在しており連絡運輸取扱の関係上、重複を避けたのである。

五井駅本屋はJRと共用で島式ホームの1・2番線に内房線、3・4番線に小湊鐵道が発着し、乗換えには跨線橋上の構内改札通過の要がある。同駅は、1978(昭和53)年8月26日に橋上駅化され、旧連絡跨線橋も併用されていたが、2015(平成27)年10月1日より老朽化のため使用を停止した。内房線下り2番線と小湊鐵道3番線の間には、国鉄貨物列車が荷渡しのため停車できる下1番線と小湊鐵道への貨物引渡し線の2線があったが、国鉄の貨物連帯輸送廃止に伴い撤去された。この連絡線路最後の通過は、新潟鉄工所へ車体更新のために国鉄貨物としてキハ204が最終受渡し車両となった。上総中野はいすみ鉄道と共用で駅舎管理は小湊鐵道であり、両線線路は一応つながっている。

閉塞方式は五井～上総牛久間が自動式閉塞(1973(昭和48)年12月8日開始、1995(平成7)年2月1日ATS設置)、上総牛久～里見間が票券式閉塞、里見～上総中野間はスタフ閉塞である。1998(平成10)年9月16日から里見駅での列車交換を中止、上総牛久～上総中野駅間がスタフ閉塞となり同区間の列車本数は著しく減少した。しかし、市原市南部の小中学校集約化に伴い、同駅近傍に公立小中一貫教育となる加茂学園が設立されて、通学輸送上の必要から2013(平成25)年3月16日ダイヤ改正から列車交換と駅員配置が復活した。

上総牛久駅のタブレット交換授受風景。全国各地で見られたこの情景も、千葉県下では小湊鐵道の一部区間と銚子電気鉄道のみとなる。　2020.10.25　P：白土貞夫

※6)千葉県内各駅の最高地点はJR久留里線上総亀山駅の標高99mである。

■第1表　小湊鐵道駅名一覧表

閉塞		駅名		所在地	開業年月日	標準勾配	距離(km) 駅間	距離(km) 累計	備考
自動式	◎	五井	ごい	五井中央東1-1-2	1925年3月7日	3.2	0	0	駅員配置駅、JR内房線連絡駅、機関区所在駅
	◎	上総村上	かずさむらかみ	村上135	1927年2月25日		2.5	2.5	
	×	西広	さいびろ	西広	1937年3月10日	4.5	1.1	3.6	1944年8月5日休止、1953年8月1日廃止
	◎	海士有木	あまありき	海士有木1813	1925年3月7日		1.8	5.4	当駅—本千葉間新線(現京成千原線)接続予定地点は五井起点5.8km付近
		上総三又	かずさみつまた	海士有木276-1	1932年11月20日	4.9	1.8	7.2	
	◎	上総山田	かずさやまだ	磯ヶ谷2079-3	1925年3月7日	2.8	1.4	8.6	旧駅名「養老川」1954年12月1日改称
	×	二日市場	ふつかいちば	二日市場	1932年3月10日	7.5	1	9.6	1944年8月5日休止、1953年8月1日廃止
	◎	光風台	こうふうだい	中高根846	1976年12月23日		1	10.6	駅員配置駅
	◎	馬立	うまたて	馬立790-2	1925年3月7日	4.4	1.8	12.4	
	×	佐是	さぜ	佐是	1937年3月10日	6.5	2.2	14.6	1944年8月5日休止、1953年8月1日廃止
	◎	上総牛久	かずさうしく	牛久897-2	1925年3月7日		1.8	16.4	駅員配置駅
票券式●		上総川間	かずさかわま	下矢田547-4	(1938年10月3日) 1953年4月1日再開	7.8	(1.1) 2.1	(17.5) 18.5	戦時中一時休止(年月日不明)再開時に現在地へ移転、( )は旧駅開業日と粁程、
		上総鶴舞	かずさつるまい	池和田898-2	1925年3月7日	3.3	1.5	20.0	旧駅名「鶴舞町」1958年1月1日改称
		上総久保	かずさくぼ	久保573-4	1958年4月10日	7.3	2	22.0	
		高滝	たかたき	高滝737-2	1925年3月7日	5	1.8	23.8	
	◎	里見	さとみ	平野176-1	〃	10.3	1.9	25.7	駅員配置駅　専用側線1.0kmあり(現在廃止)
スタフ式▲		飯給	いたぶ	飯給943-3	1926年9月1日	10.7	1.8	27.5	
		月崎	つきざき	月崎539	〃	11	2.3	29.8	
		上総大久保	かずさおおくぼ	大久保96-2	1928年5月16日	14.3	2.5	32.3	
		養老渓谷	ようろうけいこく	朝生原177	〃	20	2.6	34.9	駅員配置駅、旧駅名「朝生原」1954年12月1日改称
		上総中野	かずさなかの	大多喜町堀切61	〃	20	4.2	39.1	いすみ鉄道(旧JR木原線)連絡駅

※　◎印は交換可能駅、×印は廃止駅　※駅所在地は上総中野駅(千葉県夷隅郡)を除きすべて千葉県市原市である。

2.2　小湊鐵道各駅

説明冒頭に◎印を付したものは「国登録有形文化財 小湊鉄道駅舎群等」である。

五井駅３番線ホームで発車を待つキハ200形。向い側の２番線ホームには団体臨時列車9165Mとして前夜、弘前発の485系「NO.DO.KA(のどか)」が停車中。
2017.2.18　P：米元和重

1．五井《ごい》

五井駅２番線内房線ホームから国鉄との貨物引渡し線を見る。更新工事が終わり、新潟鉄工から貨物列車で回送されたキハ204(写真)がこの連絡線を通過した最後の車両となった。
1985.10　P：米元和重

キハ200形がずらりと並ぶ五井機関区風景。全部で7両が停車しているから本形式の半分が揃ったことになる。近年はキハ40やトロッコ列車の登場で、この情景も過去のものとなった。
2010.2.6　P：白土貞夫

2. 上総《かずさ》村上《むらかみ》(五井起点2.5km)

◎上総村上駅構内。木造寄棟造りの建屋で、駅務室の横に片流れ屋根の待合室がある。この部分は増築に見えるが実は1926年開設当初の建築であり、なかなか奇抜な設計といえる。
2020.10.6 P:白土貞夫

3. 海士《あま》有木《ありき》(五井起点5.4km)

◎海士有木駅舎。大正末期開業時に建てられた当駅と上総山田・馬立・上総牛久・上総鶴舞・高滝・里見の各駅は、寄棟屋根のほぼ同一の外観を有する木造駅舎で、建設工事と併せすべて鹿島組が設計施工した。開業前の駅名は「市西」を予定していた。 2020.10.6 P:白土貞夫

4. 上総《かずさ》三又《みつまた》(五井起点7.2km)

上総三又駅は田園のなかに待合室がホーム上に建つだけの駅である。もちろん単線線路は棒状に走るのみである。
2020.10.6 P:白土貞夫

5. 上総《かずさ》山田《やまだ》(五井起点8.6km)

◎上総山田駅。当初駅名は「二日市場」を予定したが、開業直前に近くを流れる川の名前から「養老川」が駅名となった。しかし戦後に養老渓谷が観光地として脚光を浴びると誤って下車する乗客が多く、改称したという。側線の残る構内は貨車留置と、陸送されて来た転入車両の受渡し場所として使われている。
2020.10.6 P:白土貞夫

６．光風台《こうふうだい》（五井起点10.6km）

都市近郊私鉄駅の雰囲気の光風台駅。駅前広場からは近くの山の斜面に、当駅の名称となった住宅団地が階段状に建ち並ぶのが眺められる。　2024.4.1　P：白土貞夫

光風台駅ホーム。駅舎側での乗降ができない島式ホームへ跨線橋でつながる唯一の駅。　2024.4.1　P：白土貞夫

７．馬立《うまたて》（五井起点12.4km）

◎馬立駅。開業時建築の駅舎としては標準的な外観だが、他駅と同様に内部も出札口や手小荷物受付カウンターがそのまま残っていて、往時の雰囲気がよく保たれている。なお当初の駅名は「戸田」を予定していた。　2024.4.1　P：白土貞夫

昭和の風情を残す馬立駅改札口の列車接近表示板。　2024.4.1　P：白土貞夫

８．上総牛久《かずさうしく》（五井起点16.4km）

上総牛久駅は沿線最大の街の玄関口であり、乗降客数も五井に次いでいる。当駅で折り返す列車も多数あり、夜間駐泊する列車も何本かある。当初の駅名は「明治」を予定していたが「牛久町」に変わり、さらに開業直前に現駅名に決定した。　2020.10.6　P：白土貞夫

9. 上《かず》総《さ》川《かわ》間《ま》（五井起点18.5km）

上総川間駅。一直線に線路が延びる田圃のなかにポツンと一軒建つ駅舎にも、発車時刻が近くなれば数人の乗客が姿を現わす。
2024.4.1　P：白土貞夫

10. 上《かず》総《さ》鶴舞《つるまい》（五井起点20.0km）

◎上総鶴舞駅。同時期建築の他駅舎と同様な構造だが、駅舎自体は66.1㎡と最もコンパクトである。市街地とは約2km離れており、駅前も乗降も閑散としている。TVドラマ、CMのロケ地として頻繁に使われ知られている。南総鉄道が全通すれば当駅で連絡する予定であった。開業前は「鶴舞」の駅名を内定したが、他鉄道にも類似駅名があるとの理由で1925年２月６日届出により、６駅が一斉にそれまで予定していた駅名を変更して開業した。
2020.10.6　P：白土貞夫

11. 上《かず》総《さ》久《く》保《ぼ》（五井起点22.0km）

上総久保駅。棒線のホームに高さ約25mの銀杏の巨木があることで有名だが、これは1952年頃に当時勤務の駅員が植樹したと伝えられる。黄金色に色付く晩秋には訪れる人も多い。
2020.10.6　P：白土貞夫

12. 高滝《たかたき》（五井起点23.8km）

◎高滝駅は開業時建築の他駅と同様な標準的な駅舎で、外観は損なわれていないが、内部の損傷が大きかったのか現況は駅務室側がほぼ密閉されて改札口にラッチはなく、出札口や手小荷物カウンターなども失われている。

2020.10.6　P：白土貞夫

13. 里見《さとみ》（五井起点25.7kkm）

◎里見駅舎。最初の開業時の終点駅、当初「平野」を予定した駅名は開業直前に現駅名に変更された。構内の上り側から、かつては付近から砂利搬出の専用貨物側線が分岐していたが、現在は撤去されて痕跡はほとんど残っていない。残る数本の側線はもっぱら貨車留置線として活用されている。

2020.10.6　P：白土貞夫

14. 飯給《いたぶ》（五井起点27.5km）

飯給駅は線路一本にホームと小さな駅舎があるのみだが、春は周囲の桜が見事である。駅前の杉丸太に囲まれた敷地200㎡のなかにポツンと個室のある「世界一のトイレ」はギネスには認定されず。

2020.10.6　P：白土貞夫

15. 月崎《つきざき》（五井起点29.8km）

◎月崎駅。第一次延長時の終点駅だが、木造瓦葺の駅舎は外観もそれまでと違い58.7㎡とやや小柄で、出入口にはポーチのある洋風のたたずまいである。下りホーム自体も国指定文化財になっている。

2020.10.6　P：白土貞夫

16. 上総大久保《かずさおおくぼ》(五井起点32.3km)

山の中に待合室とホームがあるだけの簡単な施設の駅である。最終48頁掲載写真のとおり、以前は小規模ながら駅舎も存在した。
2020.10.6　P：白土貞夫

17. 養老渓谷《ようろうけいこく》(五井起点34.9km)

◎小湊鐵道が提唱する「逆開発」運動により、駅舎自体に変化はないものの駅前広場の舗装がなくなり、樹木も移植されて付近の趣きを新たにした。
2020.10.6　P：白土貞夫

◎養老渓谷駅舎。瓦葺切妻型屋根の木造平屋建、95.8㎡の広さは小湊鉄道駅舎のなかでは最大である。出入口には切妻型のポーチが付きその上に大きな破風屋根を設けた洒落たデザインで昭和初期のモダンな駅の風情をよく伝えている。
2016.12.13　P：白土貞夫

18. 上総中野《かずさなかの》(五井起点39.1km)

上総中野駅は小湊鐵道の終点であり、いすみ鉄道との接続駅でもあるが、国鉄木原線時代を含め同鉄道が乗り入れる形で、駅舎も当鉄道の所有である。現在も線路は一応つながっている。写真のログハウス風の駅舎は2代目建物である。
2020.10.6　P：白土貞夫

上：上総鶴舞駅舎横に建立の「関東の駅百選認定」の碑
2024.4.1　P：白土貞夫
左：◎「小湊線鶴舞町ステーション」（絵葉書）
昭和初期　所蔵：白土貞夫

2.3　歴史的建造物など

上総鶴舞駅舎が1998（平成10）年10月14日関東の駅百選に選定されているほか、大正期に開業またはその直後に完成の建造物がほとんど原形を残して使用されていることに、歴史的価値と景観が認められ、2017（平成29）年５月２日付で下記の14棟・８基の施設が国指定登録有形文化財（建造物）「小湊鐵道駅舎群」として指定された。

「五井機関区機関庫及び鍛冶小屋、上総村上駅本屋、海士有木駅本屋、上総山田駅本屋、第一柴ノ下橋梁、第二柴ノ下橋梁、第一養老川橋梁、馬立駅本屋、第二養老川橋梁、上総牛久駅本屋、上総鶴舞駅本屋、旧鶴舞発電所、上総鶴舞駅貨物上屋、高滝駅本屋、里見駅本屋、月崎第一隧道、月崎駅本屋及びプラットホーム、月崎駅旧下り線プラットホーム、大久保隧道、第四養老川橋梁、養老渓谷駅本屋、板谷隧道」

このうち旧鶴舞発電所は上総鶴舞駅構内に1925（大正14）年３月建築の建物のみが残るが、最盛期には75kwのガスエンジン発電機２台を用い周辺10ヶ村の2,200所帯、3,300灯に供給した。電灯供給事業兼業は戦前の鉄道会社ではかなり盛んであったが戦時中に大電力会社に統合され、小湊鐵道も1942（昭和17）年11月に関東配電（→東京電力）へ事業を継承して撤退した。

左：◎五井機関区機関庫建屋。二線収容で建坪236.0㎡、大正期に建てられた地方私鉄の現役機関区施設として貴重である。
右：◎五井機関区鍛冶職場の内部。機関区建屋に隣接しており、建坪29.7㎡、機械設備を含め往時の姿をよく残している。
2020.6.15　P：白土貞夫（２枚とも）

◎海士有木駅舎。飯給駅とともに当鉄道では難読駅の双璧だが、明治初期に海士村と有木村が合併して生まれた地名という。駅舎は開業時建築の他駅とほぼ同一の寄棟造りの木造建物だが、ホームから離れて一段低いレベルに位置している。　1971.2.13　P：荻原二郎

◎上総山田駅舎。この駅舎は現在でも開業以来の建築が使用されている。
1963.12.22　P：荻原二郎

◎第一養老川橋梁を渡るキハ207。ポプラ並木の連なるこの付近一帯は列車本数も多く、小湊鐵道の代表的な撮影地である。
2020.10.6　上総山田－光風台　P：白土貞夫

◎馬立駅構内。広い敷地に相対式ホームがある。側線も残されており、工事用貨車の基地にもなっている。
2024.4.1　P：白土貞夫

上総牛久駅のホームに残る「駅長」表示版。近年はあまり見掛けなくなった駅看板のひとつ。　2024.4.1　P：白土貞夫

左：◎旧鶴舞発電所建屋　発電施設は残っていないが、当時の形態と構造をよく残している。
右：◎上総鶴舞駅貨物ホーム建屋、構内側線沿いにあり建坪74.3㎡、貨物取扱廃止のため、建屋周囲は覆われているが当時の形態と構造をよく残している。
2020.10.6　P：白土貞夫（2枚とも）

◎高滝駅舎。同時期完成の他駅と同様な木造、寄棟造りの外観は今日までほとんど変わらないが、内部は駅務室と待合室の間が密閉されて、上部が曲線を描く優雅な出札窓口など往時の面影をほとんど失っている。　2020.10.6　P：白土貞夫

◎里見駅(ホーム側)。上総牛久以遠では現在唯一の交換可能駅だが、当駅～上総中野間は票券式閉塞のため、１個列車のみ入線可能である。相対式ホームだが小湊鐵道では唯一、千鳥式に設けられている。　2020.10.6　P：白土貞夫

◎月崎駅(ホーム側)。戦前は34頁上写真のように片流れ屋根の大きな庇をホーム上に設けていたが、現在は改造されている。
2020.10.6　P：白土貞夫

◎第四養老川橋梁。上総大久保～養老渓谷間にあり、小湊鐵道撮影地としては最も人気が高いが、列車は緑の谷間を一瞬に過ぎ去って行く。
2020.10.6　P：白土貞夫

◎養老渓谷駅　養老渓谷探勝の玄関口であり、紅葉シーズンには小湊鉄道も4連で運転される。温泉郷入口に因み駅前広場には足湯施設を設けている。　2020.10.25　P：白土貞夫

◎「板谷隧道」。標高126mは千葉県鉄道最高地点であり、また房総半島の分水嶺に当たる。　P提供：小湊鐵道

月崎駅停車中のジハ１。非力なガソリンカーが当駅から上総中野までの山岳区間を登り切るには、かなり難行した道程であったと思われる。
昭和初期
P：高石景一
（所蔵：白土貞夫）

３．運行と列車の変遷

1925（大正14）年３月７日の五井～里見間部分開業時は、８往復、砂利輸送を目的に里見までの一期工事を急いだくらいなので、もちろん混合列車で全線所要時間は76～78分程度、運賃は２等１円28銭、３等64銭であった。全通直後の1928（昭和３）年11月現在では五井～上総中野間５往復、所要時間は最速１時間53分、運賃98銭、他に五井～鶴舞町間１往復、下りのみ五井～月崎間、月崎～上総中野間に各１本を設定している。

1930（昭和５）年７月１日改正では10往復（うち五井～上総牛久間1往復）、全線所要時間は１時間30分前後、「里見駅では機関車が砂利山まで機関車が貨車を取りに行って戻る40分くらいの間、乗客は停止した列車の中でただ待っていたという。のんびりした時代、古き良き時代であった」※7）という話は時刻表からみれば１往復だけが、同駅で上り約15分、下り約25分停車している。

戦前の最盛期ともいえる1940（昭和15）年10月１日訂補ダイヤでは、10往復のうち五井～上総牛久間２往復、五井～里見間１往復で全線所要83～92分である。運賃は98銭で変わらないが、太平洋戦争激化の1944（昭和19）年10月１日改正時は１円30銭に改定、列車も７往復に削減され全線直通は３往復のみ、他の

■小湊鐵道 列車運行図表　1925（大正14）年３月改正

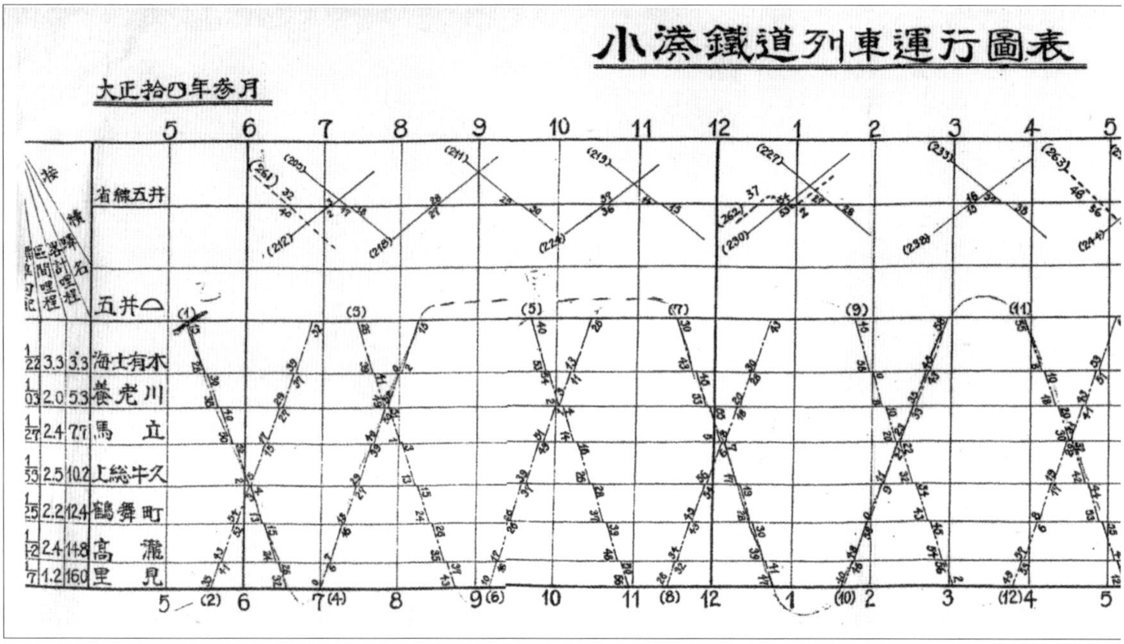

単行で第四養老川橋梁を渡るキハ41002。周辺の樹木もまだ低く、車両も交代して33頁写真と比較すると歳月の経過を感じさせる。
1963.12.22　上総大久保－養老渓谷　P：荻原二郎

３往復は月崎乗換、これは平坦な五井～月崎間には天然ガス・木炭使用の代燃カーを運行し、月崎以遠は房総半島の分水嶺越えの急勾配区間のため、非力な代燃カーでは登り切れず、蒸気列車運行にしたと思われる。別に五井～上総牛久間１往復があり、全線所要時間は最速103分と大幅ダウン、なかでも貨客混合51レは全線４時間17分を要している。

終戦直後の状況は不明だが、作家 上林 暁の1949(昭和24)年秋頃の紀行作品「鄙の長路」※8)に小湊鐵道の描写があって、屋根のない五井駅ホームでは跨線橋のなかに雨を避け、乗り込んだ二両編成の電車は鶴舞町の前の駅で後部一両を切り離して車内は学生で超満員となる。そのため気分が悪くなって鶴舞町で窓から降りて途中下車し、２時間半後に到着した「機関車の後に貨車がつづき、最後部に二両の客車がつながれ」た次の列車で朝生原へ向かう情景を記している。電車とは気動車が正しく、車両を切り離した鶴舞町の前の駅とは上総牛久駅と思われ、当時の列車の様子が垣間見える。1951(昭和26)年６月に訪問した中川浩一は「旅客は全てディゼルカーで、蒸気機関車は隔日の貨物輸送に主に１号機が充たるだけ」※9)と報告し、この２年間に先にも記した客貨分離が実現したことを明らかにしている。

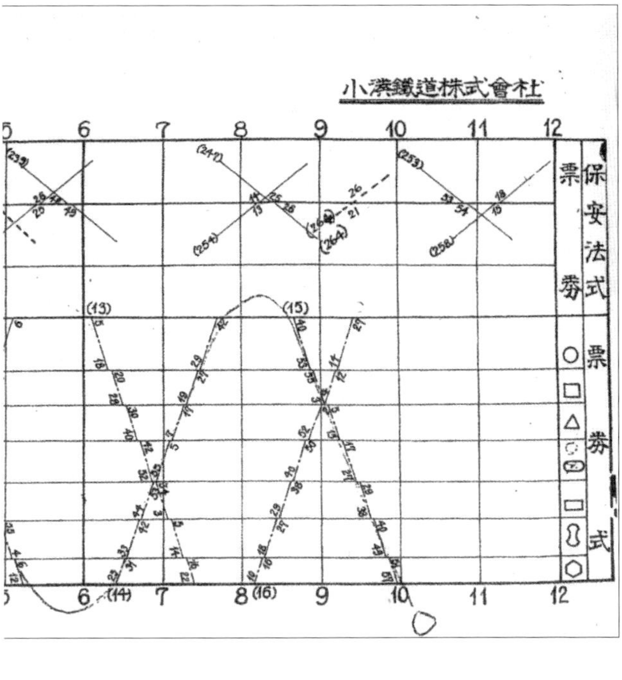

国鉄では無煙化のモデル地区として、房総各線にデビューしたばかりのキハ45000(→キハ17)系を大量投入し、1954(昭和29)年10月１日ダイヤ改正では房総西線は朝夕１往復を除き、全列車を気動車化、60分等時間隔運行とした。戦前から長く続いた２時間間隔に比べ列車数は倍増し五井駅接続の小湊鐵道ダイヤも影響を受けて、同年12月１日改正ダイヤでは全線直通10往復、他に鶴舞町折返しが２往復、上総牛久折返し１往復半、早朝の高滝始発五井行列車を含め計14往復に増発、所要79～83分で走行し運賃は130円となった。

キハ6100牽引の貨物列車。蒸機廃止後はもっぱら強力で自連装備のキハ6100形が貨車を牽引した。
1961.8.11　五井　P：白土貞夫

1962(昭和37)年２月には蒸気機関車による運行を廃止、以後の貨物列車は気動車牽引に代わった。

1963(昭和38)年夏季ダイヤでは宿願の千葉への乗り入れを果たしている。ダイヤは千葉発８時53分（８月19～25日は８時49分）発、房総西線2135Dに五井まで併結して養老渓谷10時47分着、上りは養老渓谷15時33分発、五井から2144Dに併結し千葉17時23分着、翌年も７月11日～８月22日に運転され、千葉９時25分発、千葉着17時53分着のダイヤで、両年とも使用車両はキハ200形２両編成であったが、その後の運行はない。

同時期の1964(昭和39)年４月10日現在時刻表では下りは五井発、上総中野行16本、上総牛久行１本（休日は養老渓谷行）、上総鶴舞行２本、上り五井行は上総中野発17本、上総鶴舞発１本上総山田発２本（うち１本は休日運休）が設定され、列車間隔も７～８時台は10～30分間隔で５本が五井に到着し、地方の非電化私鉄としてはかなり頻繁なダイヤになった。全線所要時間は78～87分とスピードに変化はないが運賃は170円にアップした。

■小湊鐵道 列車運行図表　1970(昭和45)年10月１日改正・12月15日一部改正

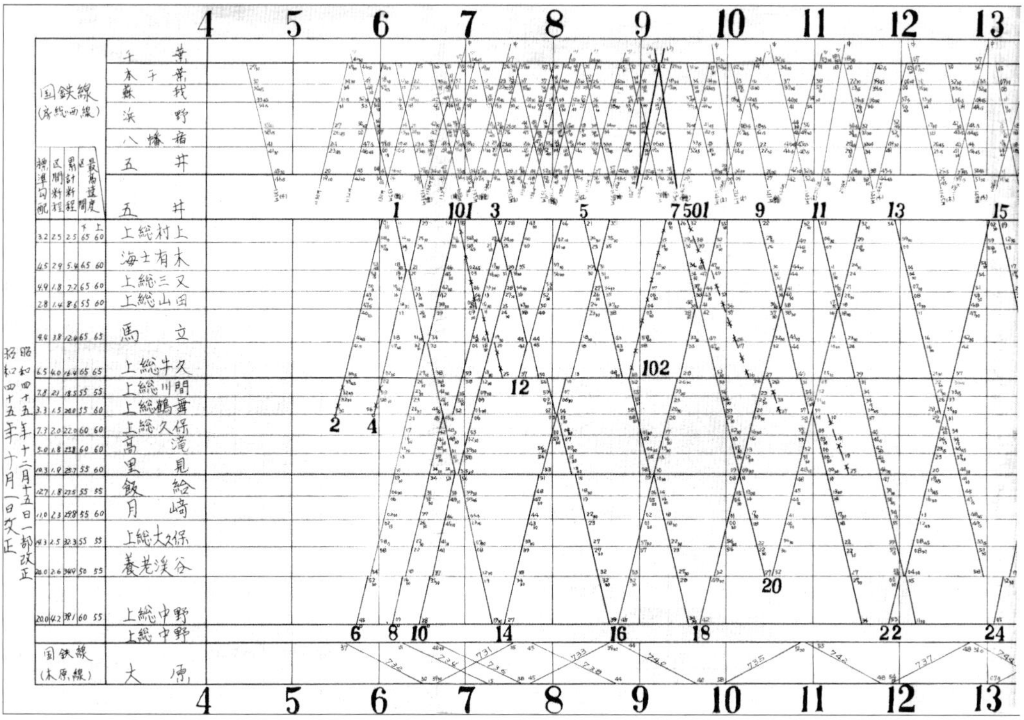

房総西線列車に併結されて千葉～養老渓谷間直通を果たした小湊鐵道キハ200形気動車、2135D後部に2両を併結した。
1963.7.21　房総西線蘇我
P：白土貞夫

通学輸送のため４連となって運行する５レの増結として活躍するキハ5800、手前の線路は貨物連絡のための側線で、現在は撤去されている。
1981.6頃　五井　P：米元和重

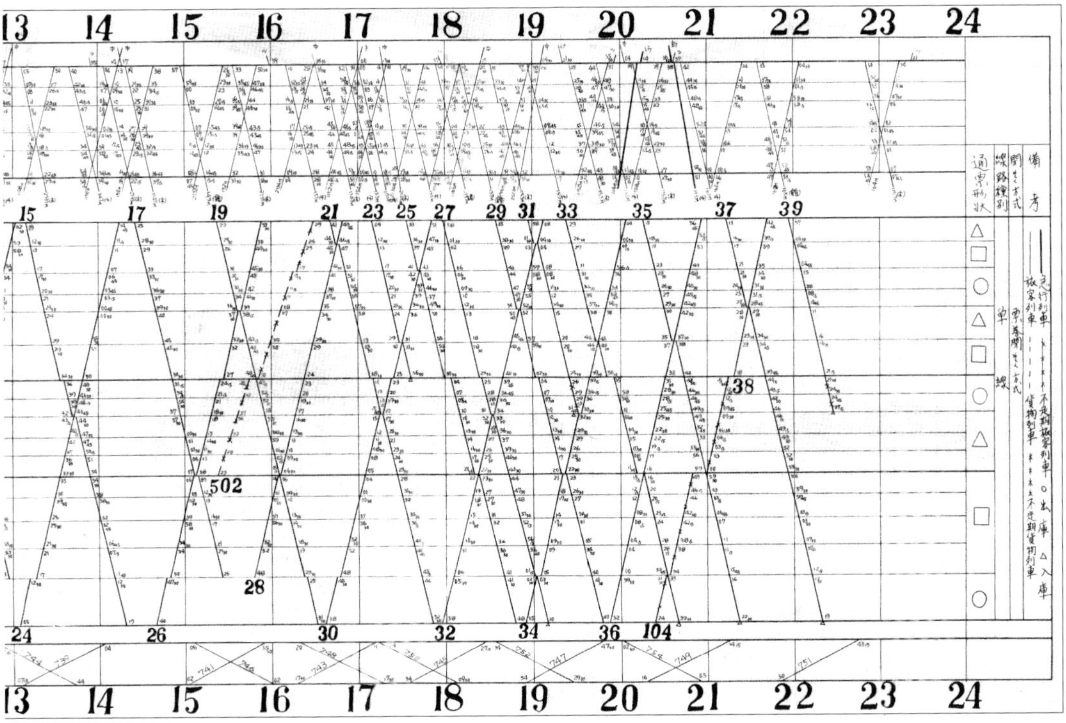

以後の列車本数の推移は現行ダイヤを含め次頁第3表のとおりで、近年の列車編成は通常は1～2両、多客時は増結して3～5両編成となることもある。

「房総里山トロッコ」は平日は五井～養老渓谷間1往復、休日は五井～養老渓谷間1往復のほか上総牛久～養老渓谷間1往復が運転される。DL+客車4両の固定編成だが、上りはそのまま逆行の推進運転スタイルとなり、停車駅は上総牛久・高滝・里見・月崎で他駅は通過扱いだが、実際は運転停車する。トロッコ列車を活用して概ね5～10月の金曜日を中心に通常時のトロッコ運用とは異なり、夜間にビール列車(通称：夜トロ)も運転されている。ただしDL故障に伴う長期運休で2024年3月16日からは、キハ40形2両編成による観光急行「かずさ」(3月中は「さと山」として運転)を指定日運転中である。

注)
※7) 前掲書1) p176
※8)『読売評論』1950年3月号
※9) 中川浩一「房総をめぐって」『Romance Car』20号p39(1951年)

■第2表　小湊鐵道輸送量および車両数変遷表

年度	輸送量(人)(t)		機関車	客車			気動車	計	貨車			備考
	旅客人員	貨物噸数		二等	三等	三荷			有蓋	無蓋	計	
1925	327,124	33,486	4	1	5			6	5	44	49	二三等、三等荷物合造客車の半室は0.5で算出されている
1926	376,528	52,602	4	1	9	1		11	5	44	49	
1927	294,351	37,981	5	1	9	1		11	5	44	49	
1928	456,030	79,248	5	2(3)	7	2	1	15	5	44	49	( )は合造客車で別計
1929	434,516	54,799	6	2(1)	3	2	1	9	5	44	49	〃
1930	416,322	44,164	6		6	2	3	11	5	44	49	
1931	341,457	32,477	6		6	2	3	11	5	44	49	
1932	294,351	37,981	6		6	2	3	11	5	44	49	
1933	302,409	54,024	6	2(1)	3	2	5	13	5	44	49	〃
1934	303,594	46,179	6		6	2	5	13	5	44	49	
1935	293,325	33,730	6	2	6	2	5	13	5	44	49	
1936	293,566	29,368	6		6	2	5	13	5	15	20	
1937	353,173	24,843	3		6	2	5	13	5	15	20	
1938	?	?	2		6	2	5	13	5	15	20	
1939	481,652	39,367	2		6	2	6(1)	14	5	15	20	( )は蒸気動車で別計
1941	734,954	60,054	2		5	2	6(1)	14	5	15	20	〃
1943	1,226,659	70,703	3		5	2	6(1)	14	5	15	20	〃
1945	2,182,378	50,568	4		13		3	20	5	21	26	
1950	?	?	4		13		3	20	5	21	26	
1960	2,491,368	15,993	2		1		10	13	5	15	20	
1969	3,928,161	5,437					16	16	1	2	3	貨物最終年度
1970	3,909,113						16	16	1	2	3	
1973	4,331,320						16	16	1	2	3	旅客数最高年度
1980	3,632,441						15	15	1	2	3	
1990	3,284,093						15	15	1	2	3	
2000	2,215,523						20	20	2	5	7	
2010	1,389,528						20	20	2	5	7	
2017	1,243,880						20	20	2	5	7	
2018	1,182,685						14	14	1	2	3	
2019	1,068,907		(1)		(4)		14	18	1	2	3	( )は里山トロッコ用
2020	816,318		(1)		(4)		14	18	1	2	3	〃
2021	841,587		(1)		(4)		16	20	1	2	3	〃

※出典：1925～1945年度は「鉄道統計資料」(毎年末　現在)、1950～2021年度は両数は会社資料(毎年末　現在)、輸送量は「千葉県統計年鑑」(翌年3月末現在)。

■小湊鐵道 列車時刻表　平日用　2024(令和6)年3月16日改正

<下 り> 上総中野 方面　　JR線 太文字は快速列車

JR五井駅	上り	5:49	**6:30**	6:50	7:07	7:43	8:16	8:49	10:01	**10:19**	11:05	**12:19**	12:41	**13:19**	14:41	15:59	16:54	17:51	**18:03**	18:37	19:24	20:05	20:37	21:09	21:27	**22:02**	22:41
	行先	千葉	総快逗	千葉	京・東	京・東	千葉	千葉	千葉	総快逗	千葉	総快逗	千葉	総快逗	千葉	千葉	千葉	千葉	総快久	千葉	千葉	京・東	千葉	千葉	千葉	総快久	千葉
	下り	6:03	**6:21**	6:49	**7:02**	7:46	8:27	**9:01**	**9:56**	**9:56**	**11:02**	12:18	**13:01**	13:37	14:37	**15:59**	**16:56**	**17:47**	18:19	**18:39**	**19:37**	20:10	**20:37**	**21:09**	**21:38**	22:07	22:52
	行先	君	快・君	君	快・木	君	君	快・君	快・君	快・君	快・君	木	快・君	君	湊	快・君	快・君	快・君	君	快・君	快・君	君	快・君	快・君	快・君	京・君	館

駅名	列車番号	1	3	5	7	9	11	13	15	※511	17	19	21	23	25	27	29	31	33	35	37	39	41	43	45	47	49
五井		6:06	6:34	6:55	7:10	7:51	8:30	9:06	10:10	10:24	11:10	12:28	13:06	13:42	14:50	16:04	17:01	17:54	18:23	18:52	19:42	20:14	20:44	21:14	21:44	22:12	22:56
上総村上		6:10	6:38	7:00	7:14	7:55	8:34	9:10	10:14	里山	11:14	12:32	13:10	13:46	14:54	16:08	17:05	17:58	18:27	18:56	19:46	20:18	20:48	21:18	21:48	22:16	23:00
海士有木		6:15	6:43	7:04	7:19	8:00	8:39	9:15	10:18	ト	11:18	12:36	13:15	13:51	14:59	16:12	17:09	18:03	18:32	19:00	19:51	20:23	20:53	21:23	21:53	22:20	23:05
上総三又		6:18	6:46	7:08	7:22	8:03	8:42	9:18	10:22	ロ	11:22	12:40	13:18	13:54	15:02	16:16	17:13	18:06	18:35	19:04	19:54	20:26	20:56	21:26	21:56	22:24	23:08
上総山田		6:21	6:50	7:11	7:26	8:06	8:45	9:21	10:25	ッ	11:25	12:43	13:21	13:57	15:05	16:19	17:16	18:09	18:38	19:07	19:57	20:29	20:59	21:29	21:59	22:27	23:11
光風台		6:25	6:53	7:14	7:29	8:10	8:49	9:25	10:29	コ	11:29	12:47	13:25	14:01	15:09	16:23	17:20	18:13	18:42	19:11	20:01	20:33	21:03	21:33	22:03	22:31	23:15
馬立		6:29	6:57	7:18	7:33	8:13	8:53	9:29	10:32	11号	11:32	12:50	13:29	14:05	15:13	16:26	17:23	18:17	18:45	19:14	20:05	20:38	21:07	21:37	22:07	22:35	23:19
上総牛久		6:34	7:02	7:23	7:39	8:18	8:58	9:35	10:38	11:27	11:37	12:57	13:34	14:11	15:19	16:33	17:30	18:23	18:50	19:20	20:10	20:43	21:12	21:43	22:12	22:40	23:24
上総川間		6:38			7:42			9:38	10:42	レ		13:00		14:14	15:23	16:36	17:33	18:26		19:23				21:46			
上総鶴舞		6:41			7:45			9:41	10:45	レ		13:03		14:17	15:26	16:39	17:36	18:29		19:26				21:49			
上総久保		6:44			7:49			9:45	10:48	レ		13:07		14:21	15:29	16:43	17:40	18:33		19:30				21:53			
高滝		6:47			7:52			9:48	10:51	11:48		13:10		14:24	15:32	16:46	17:43	18:36		19:33				21:56			
里見		6:52			8:01			9:53	11:01	12:10		13:22		14:33	15:42	16:55	17:52	18:45		19:44				21:59			
飯給		6:57			8:05			9:57	11:05	レ		13:26		14:37	15:46	16:59	17:56	18:49		19:48							
月崎		7:01			8:10			10:02	11:10	12:23		13:31		14:42	15:51	17:04	18:01	18:54		19:53							
上総大久保		7:06			8:15			10:07	11:15	レ		13:36		14:47	15:56	17:09	18:06	18:59		19:58							
養老渓谷		7:12			8:19			10:12	11:20	12:37		13:41		14:52	16:01	17:13	18:10	19:03		20:03							
上総中野		7:22						10:22	11:30			13:51		15:02	16:11					20:13							

いすみ線大原-大多喜間の区間列車は記載省略

いすみ線	上総中野	7:26			8:54			10:31		12:41		13:55		15:11	16:15	17:30	18:20	19:38		21:01							
	大原	8:19			9:57			11:24		13:45		14:52		16:16	17:06	18:21	19:13	20:37		21:22大多喜止							

※511～512は房総里山トロッコ号です。(3月～12月までの指定日運転、車両修繕のため当面運休予定) ご乗車には普通乗車券のほか、トロッコ指定席券600円が必要です。

里山トロッコお問合せ　0436-23-5584

<上 り> 五　井 方面

いすみ線	大原					大多喜6:05		6:27		7:45		大多喜9:56			11:35		12:43	13:53	15:01	16:30	17:16			18:37			20:01
	上総中野					6:26		7:19		8:42		10:17			12:33		13:39	15:01	16:05	17:23	18:13			19:31			20:54

いすみ線大原-大多喜間の区間列車は記載省略

駅名	列車番号	2	4	6	8	10	12	14	16	18	20	22	24	26	※512	28	30	32	34	36	38	40	42	44	46	48	50
上総中野								7:29				10:29	11:38				14:01	15:10	16:23							20:36	
養老渓谷								7:39		8:44		10:39	11:48		12:48		14:11	15:20	16:33	17:30	18:23		19:22			20:46	
上総大久保								7:44		8:49		10:44	11:53		レ		14:16	15:25	16:38	17:35	18:28		19:27			20:51	
月崎								7:49		8:54		10:49	11:58		13:04		14:21	15:30	16:43	17:40	18:33		19:32			20:56	
飯給								7:54		8:59		10:54	12:03		レ		14:26	15:35	16:48	17:45	18:38		19:37			21:01	
里見				5:53	6:14			7:59		9:04		10:59	12:08		13:20		14:31	15:40	16:53	17:50	18:43		19:42			21:06	
高滝				5:56	6:18			8:02		9:07		11:02	12:11		13:26		14:34	15:43	16:56	17:53	18:46		19:45			21:09	
上総久保				6:00	6:21			8:06		9:11		11:06	12:15		レ		14:38	15:47	17:00	17:57	18:50		19:49			21:13	
上総鶴舞				6:03	6:25			8:09		9:14		11:09	12:18		レ		14:41	15:50	17:03	18:00	18:53		19:52			21:16	
上総川間				6:06	6:28			8:12		9:17		11:12	12:21		レ		14:44	15:53	17:07	18:03	18:56		19:55			21:19	
上総牛久		5:28	5:55	6:15	6:36	7:11	7:41	8:20	8:46	9:22	10:20	11:20	12:30	13:22	13:55	14:30	14:59	16:06	17:11	18:11	19:01	19:23	19:59	20:23	21:02	21:23	22:21
馬立		5:33	6:00	6:20	6:41	7:17	7:46	8:25	8:52	9:28	10:25	11:25	12:35	13:28	里山	14:35	15:05	16:11	17:16	18:17	19:06	19:28	20:06	20:29	21:08	21:29	22:26
光風台		5:37	6:04	6:24	6:45	7:21	7:50	8:29	8:56	9:32	10:29	11:29	12:39	13:32	ト	14:39	15:09	16:15	17:20	18:21	19:10	19:32	20:10	20:33	21:11	21:33	22:30
上総山田		5:40	6:07	6:28	6:49	7:25	7:53	8:32	8:59	9:35	10:33	11:33	12:43	13:35	ロ	14:42	15:12	16:19	17:24	18:24	19:14	19:35	20:15	20:37	21:15	21:37	22:34
上総三又		5:43	6:10	6:31	6:52	7:28	7:56	8:35	9:02	9:38	10:36	11:36	12:46	13:38	ッ	14:45	15:15	16:22	17:27	18:27	19:17	19:38	20:18	20:40	21:18	21:40	22:37
海士有木		5:47	6:14	6:34	6:55	7:31	8:00	8:39	9:06	9:42	10:40	11:39	12:49	13:42	コ	14:49	15:19	16:25	17:30	18:31	19:20	19:42	20:22	20:44	21:22	21:44	22:40
上総村上		5:51	6:19	6:39	7:00	7:36	8:05	8:44	9:11	9:46	10:44	11:44	12:54	13:47	12号	14:54	15:23	16:30	17:35	18:36	19:25	19:47	20:27	20:49	21:27	21:49	22:45
五井		5:55	6:22	6:43	7:04	7:39	8:08	8:47	9:14	9:50	10:48	11:47	12:57	13:50	14:39	14:57	15:27	16:33	17:38	18:39	19:28	19:50	20:30	20:52	21:30	21:52	22:48

JR五井駅	上り	6:09	**6:30**	6:50	7:07	7:43	8:16	**9:06**	**9:26**	10:01	11:05	12:03	13:07	14:05	15:02	15:02	15:37	16:37	17:51	**18:52**	19:46	**19:54**	20:37	21:09	21:43	**22:02**	23:09
	行先	千葉	総快逗	千葉	京・東	京・東	千葉	総快久	総快逗	千葉	千葉	千葉	千葉	千葉	千葉	千葉	千葉	千葉	千葉	総快横	千葉	総快東	千葉	千葉	千葉	総快久	千葉
	下り	6:03	6:35	6:49	7:18	7:46	**8:18**	**9:01**	9:23	**9:56**	**11:02**	**12:01**	**13:01**	**14:01**	**15:01**	**15:01**	15:31	16:46	**17:47**	18:47	**19:37**	20:00	**20:37**	21:03	**21:38**	21:55	22:52
	行先	君	姉	君	湊	君	快・君	快・君	君	快・君	快・君	快・君	快・君	快・君	快・君	快・君	君	湊	快・君	湊	快・君	京・君	快・君	京・君	快・君	木	館

■第３表　旅客列車運行本数変遷表（1969～2023年、平日）

年月日改正・現在	1969.8.21改正		1979.2.3改正		1988.3.13改正		2003.9.1現在		2014.3.15改正		2024.3.16改正	
運行区間／方向	下り	上り	下り	上り	下り	上り	下り	上り	下り	上り	下り	上り
五　井 ―上総中野	16	15	13	12	9	9	4	5	6	6	7	7
五　井 ―養老渓谷	1	1	3	3	6	6	5	5	6	7	4(1)	4(1)
五　井 ― 里　見									1	2	1	2
五　井 ―上総鶴舞	2	2										
五　井 ―上総牛久	2	1	5	5	13	13	21	20	15	12	13	12
上総牛久―上総中野							1					
上総牛久― 養老渓谷									1			
計	21	19	21	20	28	28	30	30	29	27	25(1)	25(1)
全線運賃(円)/所要(分)	240	75	920	66	1330	66	1370	67	1410	70	1440	75

※本表は平日ダイヤの列車本数を示し、本数のうち（ ）は里山トロッコで別計、所要時間は全線最速時分である。
本表以前の運行本数等は本文記事参照のこと。　※出典は『時刻表』各号。

SL形機関車と展望客車が人気を呼ぶ「房総里山トロッコ」列車。二軸客車が21世紀に登場したことも驚きだが、編成最後部（帰路は最前部）連結のクハ101は、おそらく本邦最初で最後の新造二軸制御客車となろう。　2020.10.25　上総牛久　P：白土貞夫

DB4機関車故障による「房総里山トロッコ」の長期運休に伴い、2024年３月16日から運転区間を上総中野までの全線に延長のうえ、代行運転されることになった観光急行「さと山」（キハ40 3＋40 5）。　2024.3.17　上総山田　P：米元和重

運転初日の急行「かずさ」。当初は「さと山」として運転されていたキハ40形2連による観光急行は、この日から愛称名を「かずさ」に改め、ヘッドマークも大型のものに変更した。写真はキハ40 3＋40 5。　2024.4.1　上総牛久　P：白土貞夫

■小湊鐵道 列車運行図表　平日運用／休日運用　2023年３月18日改正

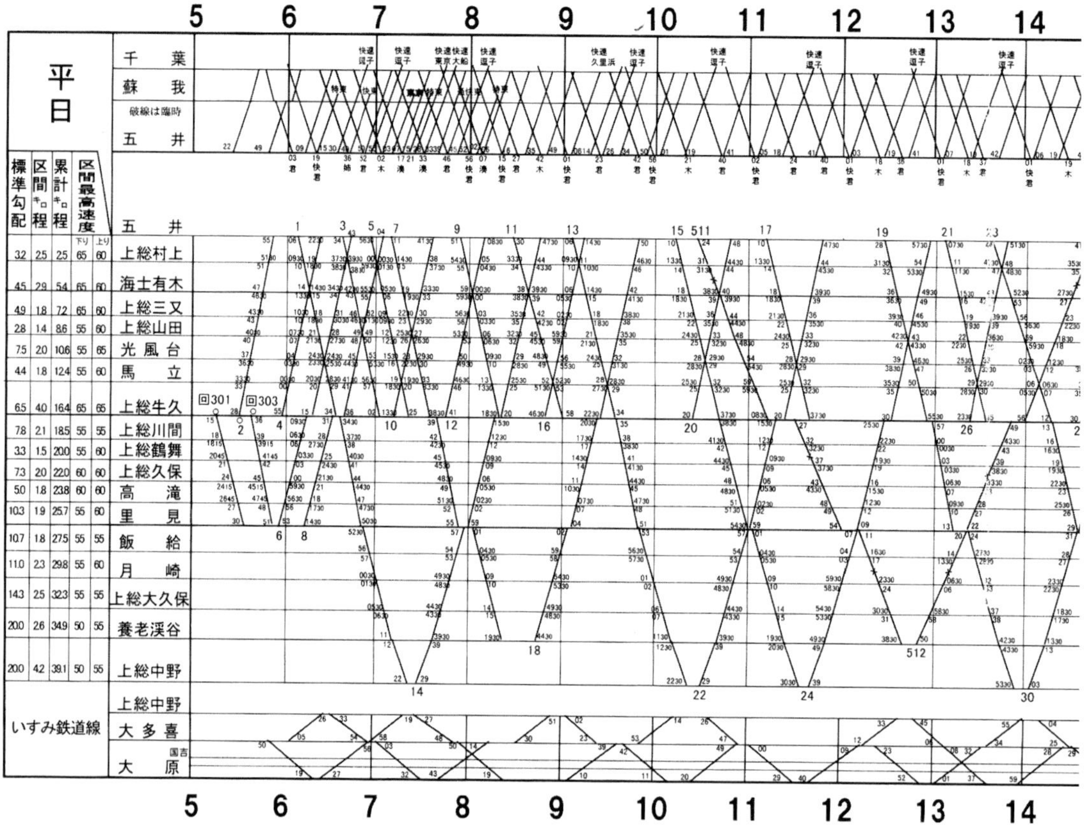

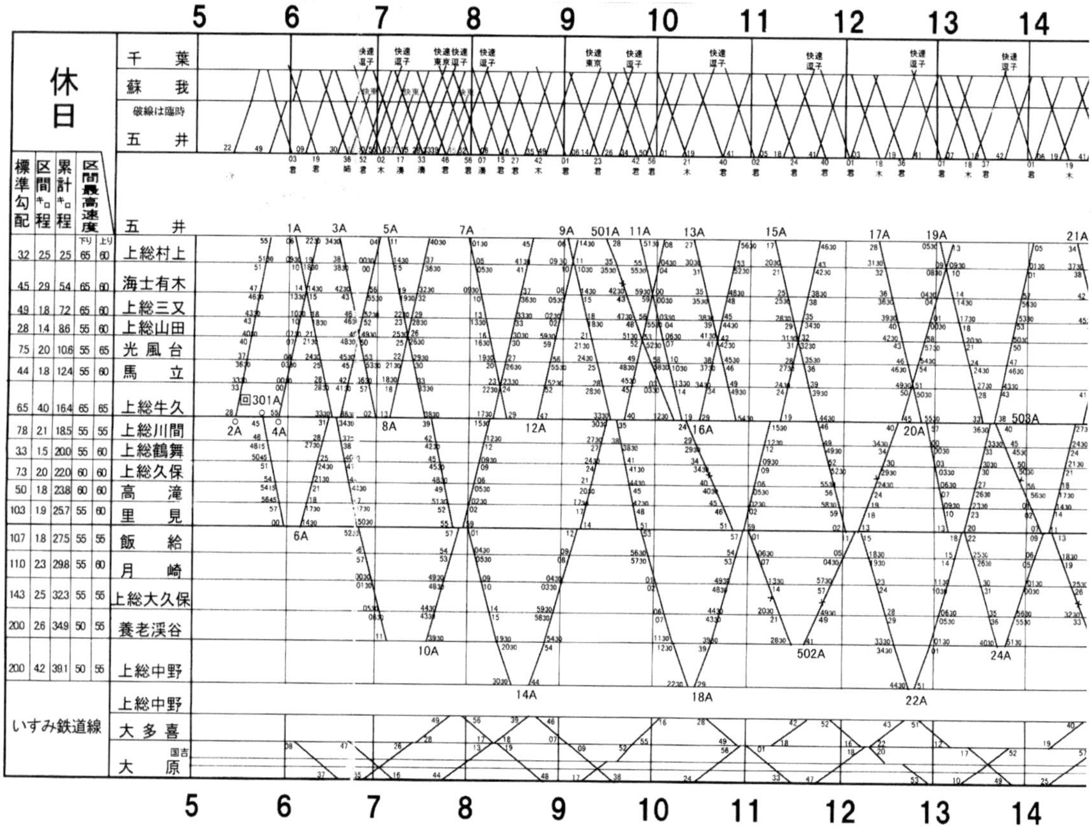

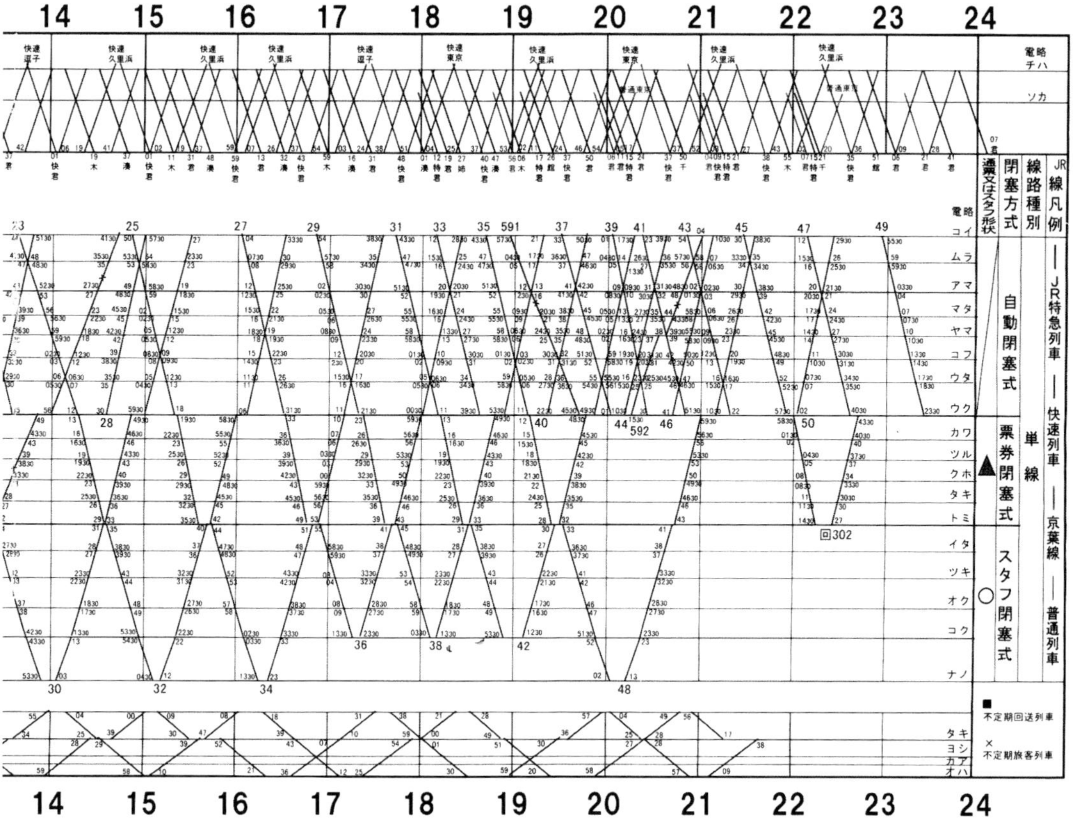
14 15 16 17 18 19 20 21 22 23 24
電略
チハ
ソカ
JR線凡例
JR特急列車
快速列車
京葉線
普通列車
線路種別
単線
閉塞方式
自動閉塞式
票券閉塞式
スタフ閉塞式
通票又はスタフ形状
▲
○
電略
コイ
ムラ
アマ
マタ
ヤマ
コフ
ウタ
ウク
カワ
ツル
クホ
タキ
トミ
イタ
ツキ
オク
コク
ナノ
■ 不定期回送列車
× 不定期旅客列車
タキ
ヨシ
カア
オハ

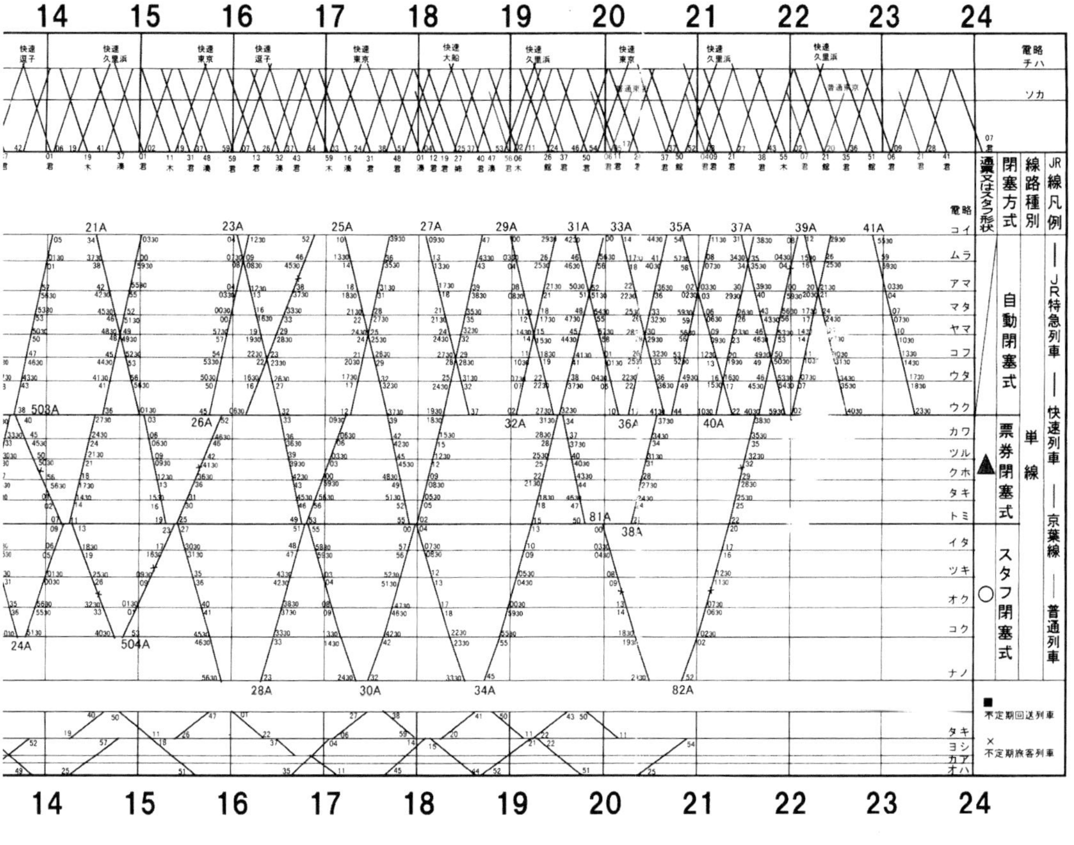
14 15 16 17 18 19 20 21 22 23 24
電略
チハ
ソカ
JR線凡例
JR特急列車
快速列車
京葉線
普通列車
線路種別
単線
閉塞方式
自動閉塞式
票券閉塞式
スタフ閉塞式
通票又はスタフ形状
▲
○
電略
コイ
ムラ
アマ
マタ
ヤマ
コフ
ウタ
ウク
カワ
ツル
クホ
タキ
トミ
イタ
ツキ
オク
コク
ナノ
■ 不定期回送列車
× 不定期旅客列車
タキ
ヨシ
カア
オハ

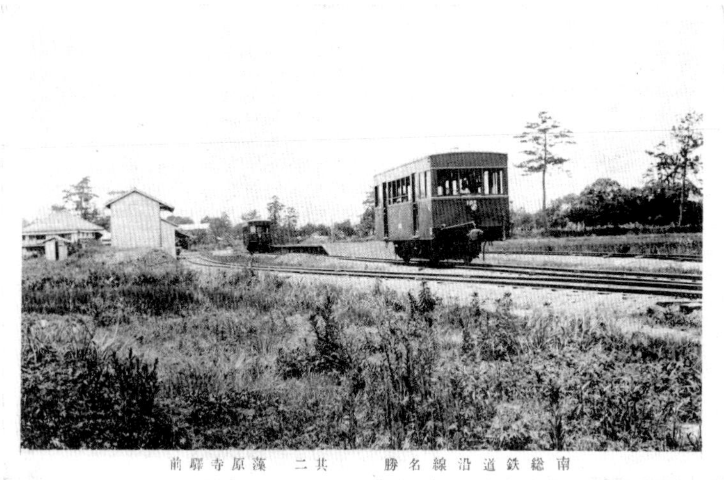

絵葉書に描かれた藻原寺駅構内の南総鉄道キハ101(奥)とキハ102(手前)。
1931年頃　所蔵：白土貞夫

4．南総鉄道

4.1　南総鉄道小史

昭和の初めに茂原～奥野間12.2kmを営業していた南総鉄道は、路線が小湊鐵道と隣接してはいたが、資本的なつながりは薄く、車両の融通もなかった。しかし鉄道廃止後は笠森自動車株式会社と改称して引続き営業していたバス事業が戦時統合によって当社系列に加わり『100thTHANKS小湊鐵道100年誌』にも前身企業のひとつとして採り上げているから、その歴史と車両について若干触れてみよう。

千葉県長生郡地方は人口はあまり稠密ではないが、郡内の茂原～長南間を1909(明治42)年10月28日開業の県営人車軌道が運行しており、最盛期の1913(大正2)年には24両の車両で旅客43,508人と貨物258,586個を輸送した記録があって、ある程度の輸送量が見込まれることと天台宗の名刹笠森寺(笠森観音)への参詣客の利用に期待を掛けての目論見のほか、小湊鐵道に連絡して里見駅発送の万田野の砂利輸送も大きな目的※10)のひとつとして、地元有志が立ち上げたのが南総鉄道計画であった。

この企ては1925(大正14)年9月3日長生郡東郷村(現・茂原市、房総線→内房線茂原駅)から市原郡鶴舞町(現・市原市、小湊鐵道鶴舞町駅)に至る10哩17鎖(約16.4km)間の免許を得て、翌年9月14日に資本金438,750円で南総鉄道株式会社を創立、本社を茂原町茂原1228番地に置き、豊栄村(現長南町)在住の糸井玄(県会副議長、医師、225株所有)が社長に就任した。鶴舞町出身の奥山良吉(小湊鐵道取締役、100株所有)も発起人に名を連ねているが「小湊鐵道ヲ代表スルト共ニ保善社(安田)ノ同意ヲ得タリトハ同氏ノ言明」「此ノ鉄道線路ニ連絡スル鉄道ヲ敷設スルヲ得」云々を小湊が会社定款に加えたのは「南総鉄道投資ヲ目的トセシモノ」と鉄道省係官が免許申請時の現地実

絵葉書に描かれた千葉県営(茂原長南間運輸組合)人車軌道。
1915年頃　所蔵：白土貞夫

施調査の際に報告しているから、当初は小湊鐵道を介して安田財閥の出資を期待したようである。

続いて1926(大正15)年3月30日東郷村(茂原駅)～山武郡片貝町(現・九十九里町)間約20.0kmおよび1932(昭和7)年4月8日東郷村(茂原駅)～山武郡白潟村(現白子町)間10.4kmの免許申請を行うが、いずれも1926(大正15)年8月と1932(昭和7)年7月「成業ノ見込ナシ」と却下された。

鉄道第一聯隊による南総鉄道建設作業(深沢隧道入口)。現在は拡幅されて国道409号のトンネルに転用されている。　P所蔵：白土貞夫

建設工事は1927(昭和2)年7月10日開始されるが、創立当初の小湊鐵道と同様に有力株主が存在せず、そのため1928(昭和3)年11月には建設工事が一時中断するなどかなり難行するが、最終的には1929(昭和4)年に筆頭株主、専務取締役となった伊藤仁作(1,845株、福井市、電力工事・電機用品販売業)が資金援助に加え建設工事を請負、陸軍鉄道第二聯隊も出動して線路敷設工事を行うなどして完成させ、1930(昭和5)年8月1日茂原～笠森寺間11.2kmが開業する。運行は全線12往復、所要35分、運賃は茂原から長南まで21銭、笠森寺まで28銭であった。

軌間は1,067mm、もちろん単線で最急勾配は20‰、最小曲線半径は200m、レールは25kgと30kg混用であった。途中には上総高師、本茂原、藻原寺、須田、豊栄、千田、長南、上総蔵持の8駅を置き、以後も長南元宿など6駅を各駅間に増設して、駅間距離は最短0.2km、最大でも1.2kmと路面電車並みとなるが、これは集落毎に小刻みに停車しての集客策であろう。

開業直後の1931(昭和6)年5月22日付で貨物運輸実施申請を行うが、在籍貨車はゼロ、他鉄道からの貨車借入や直通運転手続も未済のため、6月5日付で書類が返付され、後日さらに「貨物運輸開始申請ヲ為ザル理由」の説明を鉄道省から求められたりしたが、単に事務上の遅れか車両購入の資金繰りか事情は不明だが、開始はさらに4年後まで遅れた。

1933(昭和8)年2月1日ようやく笠森寺～奥野間1.0kmを延長開業するも、奥野は今日でも人家が僅かに点在するだけの地で何のメリットもなく、返って建設費増大が社運を傾けさせる結果になった。この全線開通時の運行は1934(昭和9)年10月時刻表では茂原～奥野間15往復、笠森寺～奥野間1往復半、列車のすれ違いは長南で行われ全線所要34分、運賃は全線31銭であった。当初の車庫所在他は不明だが、藻原寺駅構内にそれらしき建物と側線を描く絵葉書があり、断定はできないが同駅にあったと思われ、1932(昭和7)年に本社とともに笠森寺駅構内、すなわち長生郡水上村笠森287ノ1番地へ移転した。閉塞方式は票券式、藻原寺・須田・長南・笠森寺が交換可能駅であった。

■第4表　南総鉄道駅名一覧表　(1937年10月現在)

駅名		所在地*	開業年月日	距離(km)		備考
				駅間	累計	
	茂原	長生郡 東郷村 町保1	1930年8月1日	0	0	房総東線連絡駅
	上総高師	長生郡 茂原町 高師字安土	〃	0.6	0.6	
	本茂原	長生郡 茂原町 高師	〃	(0.3) 0.4	(0.9) 1.0	1931年1月3日位置移転、( )内は旧位置を示す
	昌平町	長生郡 茂原町 高師	1932年1月1日	0.2	1.2	
◎	藻原寺	長生郡 茂原町 茂原	1930年8月1日	0.6	1.8	
	箕輪学校前	長生郡 茂原町 箕輪	1932年5月23日	1.6	3.4	
	上茂原	長生郡 茂原町 上茂原字蔵敷	1930年8月1日	0.5	3.9	
◎	須田	長生郡 豊栄村 須田	〃	0.9	4.8	
	米満	長生郡 豊栄村 米満字堰下	1932年1月1日	0.7	5.5	
	豊栄	長生郡 豊栄村 米満	1930年8月1日	0.8	6.3	
	千田	長生郡 豊栄村 千田	〃	0.9	7.2	
	長南元宿	長生郡 庁南町 長南字向台1204	1931年4月10日	0.5	7.7	
◎	長南	長生郡 庁南町 長南	1930年8月1日	0.5	8.2	
	上総蔵持	長生郡 庁南町 蔵持	〃	1.2	9.4	
	深沢	長生郡 水上村 深沢字本郷前135	1931年4月10日	1.2	10.6	
◎	笠森寺	長生郡 水上村 笠森287	1930年8月1日	0.6	11.2	車庫所在地
	稚児関	長生郡 水上村 大庭	1933年2月1日	0.7	11.9	
	奥野	市原郡 内田村 奥野	〃	0.3	12.2	

出典：1937年『停車場一覧』を用い、他資料に拠り若干の加筆を行った。
※現在市町村名(旧町村名)＝長南町(庁南町、豊栄村、水上村深沢、笠森)、市原市(内田村)、茂原市(茂原町、東郷村)、長柄町(水上村大庭)、他資料により一部補正した。
※◎印は交換可能駅

鉄道第一聯隊による南総鉄道笠森寺付近建設風景。半ば完成の笠森寺駅ホームがみえる（手前が茂原方）。
P所蔵：白土貞夫

地形的に難工事が予想される奥野～鶴舞町間予定線の、比較的平坦な奥野～牛久間への計画変更にあたっては、鶴舞町や内田村の一部に反対の動きはあったものの1935（昭和10）年７月26日認可された。しかし着工には至らず、小湊鐵道と結び房総半島を横断する夢は小湊鐵道の小湊延長や久留里線と接続できなかった木原線と同様に、ここでも実現しなかったばかりか、1935年５月にようやく貨物営業を開始するも、起死回生策とはならず、営業不振が続き僅か８年半で1939（昭和14）年２月28日を最終日として廃止した。

会社は前年12月８日に鉄道廃止申請と同時に社名を笠森自動車と社名を改めており、それ以前の1932（昭和７）年12月24日から既に営業開始したバス専業会社となった。その後は他路線を買収して規模を拡大していくが、最終的には袖ケ浦自動車への戦時統合を経て小湊鐵道の系列に入った。廃線跡は千田付近や蔵持～奥野間などが国道409号に転用されたほかは、ところどころに遺構を残している。

■南総鉄道路線図

笠森寺～奥野間1.0kmはこの時点で未開通のため加筆（測量年の関係で南総鉄道全線を図示した地形図は存在しない）。
出典：国土地理院1:50000地形図（1933年測図「茂原」「姉崎」）に加筆

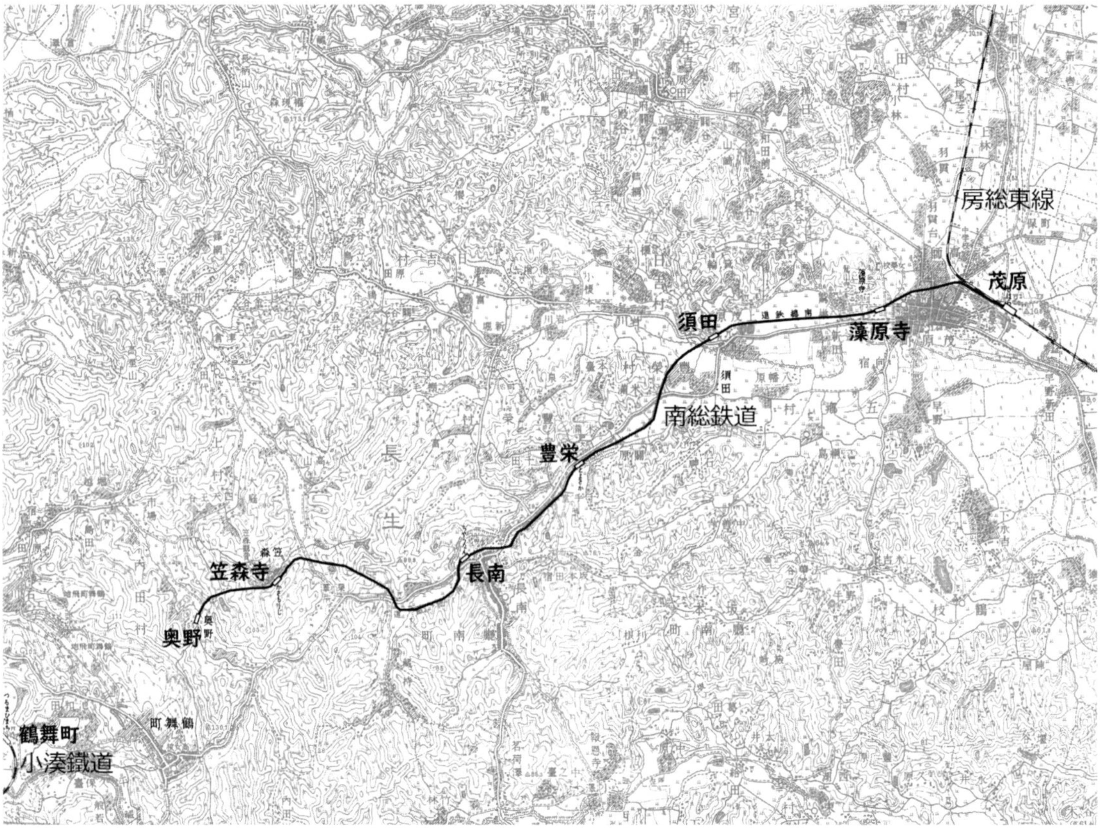

南総鉄道１号機(旧国鉄120形121号)。名門ロバート・ステイブンソン社製で、わが国鉄道創業期から活躍した名機ながら、南総鉄道廃止後の消息は絶たれたままである。
1937年　笠森寺車庫
P：斎藤醇二(所蔵：宮田寛之)

4.2　南総鉄道の車両

車両は蒸気機関車１両、気動車３両、貨車２両が在籍するだけの小所帯であり、当初は旅客営業のみで僅か２両の気動車で開業した。１両運行、他の１両予備の最低必要両数だが、検査中に他の１両が故障すれば、たちまち全面運休のお寒い車両事情であった。

1932(昭和７)年度に気動車１両を増備して増発を可能とし、さらに1935(昭和10)年５月30日付貨物運輸営業認可を得て貨物用の蒸気機関車１両、貨車２両が入線している。各車両については下記の通りである。

●蒸気機関車　１号

1974(明治７)年の阪神間鉄道開業時に就役した古強者で、当初の番号は14号である。世界最古の機関車メーカーである英・ロバート・スティーブンソン社が1973(明治６)年に製造した製番2102の1B形タンク機関車だが、この名門の機関車はわが国への輸入は僅

■車両竣工図　南総鉄道蒸気機関車１号

南總鐵道蒸氣機關車
No. 1

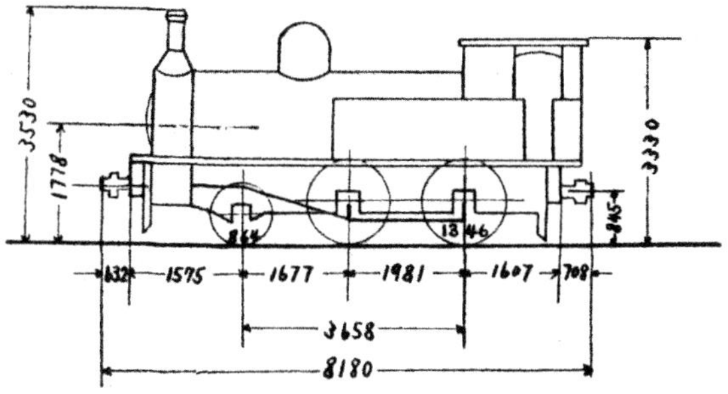

汽筩直徑×行程	320粍×508粍
常用壓力	8.44瓩/平方糎
火床面積	0.93平方米
全傳熱面積	58.16平方米
煙管	52.96平方米
火室	5.20平方米
煙管(徑×長×數)	45粍×2,920粍×130
機關車重量(運轉整備)	23.37瓲
〃(空車)	17.78瓲
動輪上重量(運轉整備)	18.67瓲

水槽容積	2.27立方米	
炭庫容積	1.00瓲	
車軸(徑×長)	ジヤーナル	ホキールフヰツト
導輪	125.4粍×244.5粍	152.4粍×133.4粍
動輪	131.7粍×190.5粍	158.8粍×165.0粍
製造年	明治5年	
前所有者	鐵道省	
舊番號	121(形式120)	
製造所	(英)ステイブンソン	

か4両(ほかに台湾へ2両)に過ぎず、しかも同形機だけの存在であった。

1875(明治8)年に8号と改番し、その後はもっぱら関西・中部地方で活躍して、鉄道作業局時代の姿が岩崎、渡辺コレクションにも残されている。1909(明治42)年10月形式称号改正では121号(国鉄形式120)となり、その後に1915(大正4)年3月簸上鉄道(→JR木次線)へ譲渡され、その社の1号となるが、1934(昭和9)年8月1日同鉄道国有化によって再買収される。しかし、番号表記は121号に戻らず、1号のまま米子機関庫木次分庫に引き続き配置されていた。

1935(昭和10)年2月21日廃車、これを貨物輸送開始の南総鉄道が同年12月22日機関車払下使用認可により国鉄から譲受けたが、前記のように番号が引続いておれば、あるいは簸上鉄道時代の番号板のまま南総でも使用したかもしれない。

ところが期待したほどの貨物輸送はなく、入線翌年の1936(昭和11)年貨物輸送量は1日5.9t、貨車1両分積載量にも満たず、おそらく貨物列車のスジは引かれていても運休が連続したと思われ、数枚か残る南総での写真も走行中シーンは見当たらない。同年3月に開催された笠森寺の丑年開帳時には国鉄からボギー客車を借り入れて17団体4千人輸送の記録があるから、これが本機の南総での最大の活躍であったろう。

廃止後は線路撤去作業に従事後は外地へ送られたと聞く[※11]が、その後の消息は不明。この時点での車齢66才、解体説もあるが、日中戦争勃発により機関車不足が深刻な時期でもあり再起の可能性も捨て切れない。

要目は気筒径330×508mm、常用圧力8.44kg/㎠、運転整備重量23.37t、最大寸法8,180×2,250×3,530mm、動輪径1,346 mm。僚機の122号機関車は加悦鉄道へ転じて2号機となり、廃車後の現在は加悦鉄道資料館(京都府与謝郡与謝野町)に国指定重要文化財として保存展示されている。

●気動車 キハ101・102

1930(昭和5)年2月28日車両設計認可によって雨宮製作所が1930(昭和5)年4月製造した単車ガソリンカー。ブダBA6/43psエンジンを積み、変速は機械式、自重9.3t、最大寸法9,232×2,520×3,374mm、窓配置F3-2D5D2、定員50人で、前照灯を妻面腰部に取付けた半鋼製の真四角な車体は乗客からは「重箱」と呼ばれていたという。

設計書には「常時ハ単車運転トス但シ貨物輻輳ノ場合ハ貨車一両ヲ連結運転ス」の記載があるが、開業時は貨物営業未認可であり、貨物営業開始の際はわざわざ蒸気機関車を増備しているから、実際には気動車の貨車けん引はなかったと思われる。事務精通者不在なのか竣工届提出時には車両番号のみ届出て記号「キハ」を付すことを指示されている。また、社内では単に「1号」「2号」「3号」と呼称していたという。

雨宮の規格型気動車を買ったため、同形車は他にも有田鉄道ガ101・102、長岡鉄道キハ101、阿南鉄道キハ101 ~ 103、成田鉄道キハ102 ~ 105の10両があって、特に東武キサ3・4となった成田鉄道キハ104・105と南総の2両は寸法的にも全く同一であった。廃止後は西樺太工業なる会社の手を経て九州鉄道(Ⅱ)(→西日本鉄道)キハ8・9となり、最後はサハ61・62として1950(昭和25)年廃車される。

絵葉書に描かれた、昌平町～藻原寺間の金谷川橋梁(現・豊田川)を渡る南総鉄道キハ102。
1931年頃　所蔵：白土貞夫

日立航空機キハ51(旧南総キハ103)。太平洋戦争末期には航空機工場の工員輸送に使われていた。
1951.4　西武鉄道小川
P：中川浩一

●気動車 キハ103

奥野延長にあたり1932(昭和７)年６月11日車両設計認可によって増備した1932(昭和７)年２月日本車輌支店製の単車ガソリンカーである。在来の２両に比べてやや小柄な半鋼製車体は窓配置F2-1D5D1、自重6.5t、最大寸法7,370×2,640×3,285mm、定員40人、エンジンはブダ298/49.2kwを搭載して変速は機械式、妻面幕板に前照灯を取付けていた。

廃止後は飯山鉄道(→JR飯山線)キハ51、さらに日立航空機専用線へ転じて戦後まで西武鉄道小川駅構内に存在した。なお、本車両設計認可と同一日付で「貴社二ハ瓦斯倫動力使用未認可二付便宜上動力併用認可申請モ併セ為シタルモノト見做シ」て当局側が手続きを進め、同併用認可がされている。これは開業時に蒸気動力認可のみの南総鉄道が無認可で気動車運行していた事実を２年間も当局側、会社側双方が気付かなかったミスの発覚で、追認手続きが採られたのである。

●有蓋貨車ワ１／無蓋貨車ト１

蒸気機関車１号とともに1935(昭和10)年度に国鉄から譲受けの有蓋貨車と無蓋貨車である。

ワ１は1930(昭和５)年鉄道省隅田川工場派出所製で旧番はワ1216、荷重10t、自重5.8t、最大寸法6,326 × 2,248×3,499mm。ト１は1930年８月鉄道省大井工場製で旧番はト11009、荷重10t、自重5.96t、最大寸法6,262 × 2,299×2,108mmである。

廃車後の動向は不明だが車齢が比較的若く、いずれかで復活している可能性もある。

注)
※10)1924(大正13)年７月８日付南総鉄道敷設免許申請書添付「起業目論見書」では年間輸送量を「旅客219,750人、貨物72,150噸(雑貨39,150噸、砂利33,000噸)」と想定していた。開業後の輸送実績は第５表のように想定を大きく下回り、とくに貨物は小湊鐵道と連絡できず万田野発の砂利輸送もなく僅少に終わった。

※11)南総鉄道社長糸井玄の令孫、糸井玄進からの1962年７月の聴取による。同人からは機関車用石炭が高価で薪を燃料としていたことや給料遅配で従業員が社長宅へ押し掛けてきた証言も得ている。

■第５表　南総鉄道輸送量および車両数変遷表

年度(12月末現在)	旅客人員(人)	貨物噸数(t)	車両数 機関車	車両数 気動車	車両数 貨車	備考
1930	89,335			2		
1931	113,227			2		
1932	115,681			3		
1933	112,559			3		笠森寺～奥野間延長開業
1934	102,573			3		
1935	98,373	1,529	1	3	2	貨物輸送開始
1936	83,708	2,142	1	3	2	
1937	99,621	1,643	1	3	2	
＊1938	58,285	?	1	3	2	上期分のみ

出典:各年度『鉄道統計資料』
※1938年度上期のみ『南総鉄道の歴史』による

路線・沿革編のおわりに

私事で恐縮だが昨年秋に90歳、卒寿を迎えた。「卒」は人生の卒業近いことを意味するのかなと考えながら終活とかいう身辺整理の真似事を始めてみると長い間に溜め込んだ資料と自称する家族にとっては何の価値もない紙屑同然の山のなかに、読み返してみると捨て難いものをいくつか再発見した。そのひとつにかなり昔の小湊鐵道調査ノートがあって、まとめられずに未発表に終わったことを思い出しながら、読み返してみるとこのまま破棄するには惜しい事柄もいくつか記してあったことと、同鉄道の現状報告は比較的多いが、開業以来の車両すべてに言及した発表が意外に少ないことにも気が付いた。その理由は近年までキハ200形だけの在籍が長期に亘り、車両の変化に乏しかったことも一因かもしれないが、過去に千葉県下に所在する地方私鉄の九十九里鉄道、銚子電気鉄道、流鉄をRMライブラリーに発表させて頂いた筆者としては、小湊鐵道もぜひ記録に加えて置きたい気持ちに駆られて執筆を思い立った。

そのことを何人かのお付き合いのある友人知己に伝えると嬉しいことにどなたもご所蔵の得難い資料、写真類の提供を申し出てくださり、過去に何度もお世話になったRMライブラリー編集部、羽山健氏からも激励のお言葉を頂戴したことも後押しとなってようやく執筆をスタートさせた。

しかし現車調査や文書館、図書館での資料閲覧などが高齢とコロナ禍に制約されて以前のように活発に行動できず、何度か途中挫折の恐れもあったが、多くの方のご支援でようやく完成に漕ぎつけることが出来た。しかし、一世紀の歴史はやはり長く、一冊にはまとめきれず、二分冊にならざるを得なくなって、車両の変遷は車両編（下巻）をご参照願うことになった。ご了承をお願いする。

白土貞夫（鉄道友の会参与）

房総半島最奥の山懐深くにある上総大久保駅にキハ200形気動車が停車中。現駅舎に建替え以前の初代駅舎が健在だった頃。
1971.2.1　P：白土貞夫

既 刊

第244巻：無蓋車の本(上) —国鉄制式無蓋車の系譜—
第245巻：無蓋車の本(下) —国鉄制式無蓋車の系譜—
第246巻：1950年代 関西私鉄散歩
第247巻：下津井電鉄(上) —瀬戸大橋開通後に姿を消したナローゲージ鉄道—
第248巻：下津井電鉄(下) —瀬戸大橋開通後に姿を消したナローゲージ鉄道—
第249巻：横須賀線 70系時代（上）
第250巻：横須賀線 70系時代（下）
第251巻：江若鉄道（上） —琵琶湖西岸の気動車大国—
第252巻：江若鉄道（下） —琵琶湖西岸の気動車大国—
第253巻：夕張線 —石炭とともに歩んだ126年の軌跡—
第254巻：豊橋鉄道田口線 —田口鉄道の残影—
第255巻：筑波鉄道（上） —三度の社名変更を経たローカル私鉄—
第256巻：筑波鉄道（下） —三度の社名変更を経たローカル私鉄—
第257巻：155・159系 修学旅行電車
第258巻：昭和40年代 奥羽沿線私鉄散歩
第259巻：157系 日光形電車
第260巻：国鉄の配給客車
第261巻：京成／新京成100・126形（上）
第262巻：京成／新京成100・126形（下）
第263巻：京王3000系
第264巻：105・119系 —昭和50年代の1M電車—
第265巻：日本車輌の標準設計電車(上) —黎明期の私鉄用鋼製電車—
第266巻：日本車輌の標準設計電車(下) —黎明期の私鉄用鋼製電車—
第267巻：淡路交通(上) —日本唯一の「島の電車」—
第268巻：淡路交通(下) —日本唯一の「島の電車」—
第269巻：川造型電車(上) —川崎造船所標準設計電車とその類似車両—
第270巻：川造型電車(下) —川崎造船所標準設計電車とその類似車両—
第271巻：生まれ変わった東武旧型電車(上) —3000系列ビフォー・アフター—
第272巻：生まれ変わった東武旧型電車(中) —3000系列ビフォー・アフター—
第273巻：生まれ変わった東武旧型電車(下) —3000系列ビフォー・アフター—
第274巻：並口(なみろ)のすべて(上) —鋼製普通２等客車の系譜—
第275巻：並口(なみろ)のすべて(下) —鋼製普通２等客車の系譜—
第276巻：津軽鉄道
第277巻：70系戦災復旧客車(上) —その形態バリエーション—
第278巻：70系戦災復旧客車(中) —その形態バリエーション—
第279巻：70系戦災復旧客車(下) —その形態バリエーション—
第280巻：私鉄電気機関車の変遷（上）
第281巻：私鉄電気機関車の変遷（下）
第282巻：高松琴平電気鉄道 吊掛車の時代（上）
第283巻：高松琴平電気鉄道 吊掛車の時代（中）
第284巻：高松琴平電気鉄道 吊掛車の時代（下）
第285巻：夕張鉄道 路線・沿革編 —石炭を運んで半世紀—
第286巻：夕張鉄道 車両編 —炭都を支えたSLと気動車—
第287巻：スハ44系客車の履歴書 —特急用からローカル線へ—

第130巻まで：本体価格1000円(税別)
第50・100・101巻のみ本体価格2000円(税別)
第131～176巻：本体価格1200円(税別)
第177巻以降各巻：本体価格1250円(税別)
第150巻のみ本体価格2381円(税別)
第200・201巻のみ本体価格2500円(税別)
第261・262・264・265・267・269・271～273・277・280・287巻：本体価格1350円(税別)

Kominato Railway -Their history and the railway line-

by Sadao Shirato

Kominato Railway connecting 39.1km length between Goi and Kazusa-Nakano in Chiba prefecture was established in 1917. Initially, the line was planned to run from Goi across the Boso peninsula to Awa Kominato.

However, Kazusa-Nakano where were opened in May 1928 finally became the last station of Kominato Railway since they could connect to JNR Kihara-Line (currently the Isumi-Railway) at there. About 1 century past, Kazusa-Nakano is now still their final stop.

Kominato Railway runs old-fashioned diesel cars and special trains. Today, when SNS is at its peak, they have been attracting attention recently because the scenery along the railroad looks great in photos.

■RMライブラリー287『スハ44系客車の履歴書』の訂正
38頁下「準急いこい」写真撮影者名　誤「萩原二郎」→正：「荻原二郎」
以上、訂正してお詫び申し上げます。

RM LIBRARY 288
小湊鐵道 路線・沿革編

2024年７月１日初版発行

著　者：白《しら》土《と》貞《さだ》夫《お》
編集人：水野宏史
発行人：陰山惣一

発行所：カルチュア・エンタテインメント株式会社
ネコ・パブリッシング カンパニー
〒141-8201　東京都品川区上大崎３丁目１番１号
目黒セントラルスクエア
電話049-257-4731(コールセンター)
FAX049-259-5244(コールセンター)
電話03-5745-7813(編集部)
URL　https://www.neko.co.jp/
印刷所：大日本印刷株式会社
ISBN978-4-7770-5558-6

編集進行：水野宏史
表紙装丁：清水幹夫

ISBN978-4-7770-5558-6　C0065 ¥1250E

Printed in Japan

9784777055586

1920065012505

定価：本体1250円＋税

RM LIBRARY 288

カルチュア・エンタテインメント株式会社
ネコ・パブリッシング カンパニー